LES DOCTRINES
RÉPUBLICAINES

absoutes

PAR LE JURY LYONNAIS.

Assises du 4 Décembre 1832.

Novus ordo.

LYON,

IMPRIMERIE DE J. PERRET, RUE ST-DOMINIQUE, N° 13.

1832.

Nous nous sommes mis en dehors de la presse de tous les jours, parce que ses prudences baillonnaient notre candeur, et que ses colères véhémentes, verbeuses allumées tout-à-coup au brasier capricieux des événemens extérieurs, et qui ne dévoraient qu'elles-mêmes dans leur inutile et provocateur incendie, grimaçaient devant nos prévisions logiques, nos convictions arrêtées et toutes faites, nos calmes dédains, nos forces concentrées et expectantes. Il n'est pas dans les possibilités de notre nature de taire d'impatientes vérités, ni de hurler des sauvageries : car les vérités brûlent le sein qui les cache, et les sauvageries effarouchent les oreilles civilisées — Empêchés donc que nous étions du seuil de la presse quotidienne, nous avons cru que c'était pour nous un devoir de frapper à la porte de la brochure, quand notre vie toucherait en passant quelque intérêt général. — Ce jour est venu.

Nous avons quelques mots à dire aux factions matérialistes qui nous gâtent la statue si grandiose et si pure de notre république : ils nous la rapetissent et nous l'enraidissent. — Avant d'aborder les hommes de demain, les hommes d'action, il nous semble raisonnable de signaler un des caractères qui affectent la physionomie des hommes d'aujourd'hui, des hommes de science.

La plus grande impopularité que puisse porter un gouvernement, n'est-elle pas celle qui lui viendrait, si le gouvernement jouissait d'une certaine nature, et que le peuple, qu'il a la prétention de représenter, jouissait d'une nature tout opposée? L'harmonie ne saurait s'établir entre ces aptitudes contraires dont les unes devraient diriger les autres qu'elles ne comprendraient pas. L'essence d'un gouvernement n'est-elle pas d'être la pensée vivante du pays, l'apparition la plus élevée et la plus éclatante de sa nationalité? Si chaque race d'hommes a une mission spéciale et providentielle ici-bas, ceux qui la dirigent, ne devraient-ils pas être ceux qui connaissent mieux cette mission et qui sont les plus propres à l'accomplir?

Or quelle est l'aptitude de la société française? — Hélas! nous sommes impuissans à élaborer patiemment des idées séculaires: Dieu nous a créés pour *agir*, et nous voulons *agir*. — L'action c'est notre mission.

Qui donc de moins français que les doctrinaires? — Ils lisent et rapprochent: mais tandis que leur œil voyage dans les faits passés ou se fixe sous la réflexion, leur bras est désséché: leur pensée ne se traduit jamais dans le domaine des faits; leur pensée ne devient jamais action, quoique l'action doive succéder à la pensée, quoique l'action soit le caractère, le besoin, la vie journalière des hommes qui les entourent.

Je ne fais pas ici de la stérile idéologie, je ne sophistique pas sous le manteau. — Les hommes éclairés et merveilleusement sagaces dont on se moque, je ne sais trop pourquoi, sous le nom de *doctrinaires*, ont émis de bonne foi, il y a quelques années, des

vœux d'amélioration : ils ont même imaginé des réa-
lités qui pussent répondre à ces vœux, surtout ils en
ont demandé, accueilli et comme je n'épouse nullement
ment la conduite politique de ces hommes ; comme
j'avoue qu'à côté des fautes de système et d'une in-
capacité réelle on aperçoit chez plusieurs d'entr'eux
la flétrissante passion de l'or ; j'ai bien le droit de
croire à leur sincérité, et de dire que quelquefois ils
se sont inquiétés tout autant, pour le moins, du bien
public que d'une popularité facile et menteuse. Arrivés au pouvoir, ils n'y ont pas assis avec eux ces
idées consciencieuses qui étaient toutes prêtes dans leur
esprit : des préoccupations de toutes sortes prenaient
bien souvent la place qu'elles pouvaient occuper : mais
lors même que leur pensée jouissait de toute sa liberté ;
lors même que leur système n'était pas engagé ; ils
s'abstenaient, car il fallait agir, et ce ne sont pas
des hommes d'action. Des choses qu'il fallait changer,
dont tous demandaient le changement, dont eux
aussi reconnaissaient le changement salutaire et possible, ils les laissaient, ces choses, prolonger leur vie
mauvaise : il fallait agir !

Le parti a donné son signalement quand il a dit
par la bouche de M. de Broglie, lors de sa retraite,
qu'il n'était pas *propre aux affaires !*

Les *affaires* passeront dans les mains des *républicains* quand Dieu l'ordonnera, et Dieu ne peut l'ordonner aujourd'hui, puisque la révolution n'est pas
tout à fait achevée dans les esprits. Mais comme le
mot *république* n'implique pas un système unique,
comme il peut cacher derrière lui une aristocratie de
grands propriétaires et une aristocratie de sanguinai-

res brouillons, il est bon que nous montrions notre république à visage découvert, et que nous levions le voile de ses rivales.

Nous avons vu poser la république américaine et une autre république qui semble s'arrêter aux faits accomplis dans notre révolution avant les déchiremens de la *montagne*, et même ne pas les accepter tous. — Ce sont les *factions matérialistes* dont nous voulons parler.

Il y a un lien, une parenté entre ces deux écoles : ce lien est une erreur fatale et commune. — Enfantées par la haine généreuse d'un ordre de choses caduc et pourri, elles n'ont pas reconnu qu'un ordre de choses quelconque ne mourait pas tout entier, qu'il y avait dans le cœur de l'humanité des sentimens éternels qui survivaient à tous les accidens de forme et se montraient toujours à travers des métamorphoses glorieuses. — Ces matérialistes n'ont pas été animés de tous les sentimens généraux de l'humanité : il leur a manqué l'intelligence de tous les faits historiques. A côté d'un grand fait social et permanent Dieu a mis un sentiment, car Dieu a voulu faire aimer les bases du monde. — Les matérialistes se sont rendus coupables d'un dédaigneux et déplorable oubli vis-à-vis la religion et les beaux-arts.

Nous sommes obligés de combattre ces écoles : leur parole peu élevée, puisqu'elle rampe sur la terre, peu colorée, puisqu'elle efface les arts, compromettrait la cause de la république, ou démoraliserait le pays qui l'aurait adoptée.

Il y a eu toujours et partout de la religion. Cette universalité et cette ubiquité, nous semblent de terribles argumens.

D'autres encore. — Vous savez que l'enfantement d'une société nouvelle est long et douloureux : ne croyez-vous pas que la tâche est bien abrégée, quand la génération de malheur, prédestinée à cette crise, s'illumine à un rayon d'en haut, et voit au bout de son labeur terrestre une vie auguste et éternelle ? Faites donc qu'une génération ou qu'un individu se sacrifie sciemment à une idée, si le bonheur les enveloppe et que leur sacrifice attend les récompenses du néant ? — Si les hommes ne sont pas animés d'une sublime espérance, un grand moyen de communauté et d'ordre disparaît, puisque l'intérêt personnel, qui est si palpable et si quotidien qu'il veut quelquefois se tromper sur ses propres affaires, divorce avec l'intérêt général.

La Convention avait bien compris tout ce qu'il y avait de vil et d'anti-social dans le dogme du matérialisme, quand elle releva deux grandes idées religieuses jonchées parmi les décombres du vieil édifice. Il était donné à cette assemblée, unique dans le monde, et surtout à son admirable résumé, le club des jacobins, de montrer la plus grande audace de destruction qui éclatât jamais, et de reconnaître toutes les bases d'une association durable.

Il y a quelque chose qui, suivant moi, prouve l'excellence d'une idée. — Si elle coule large et profonde à travers plusieurs pays, qu'elle fasse une fuite sous la terre, et qu'elle s'élance de nouveau pour creuser un lit apparent. — Regarder les restaurations religieuses tentées à Juilly et à Hambourg, là en faveur de l'Evangile, ici au profit du Lévitique ; les sectes qui s'improvisent ou ressucitent : pensez que, malgré les crimes ou les folies des prêtres de toutes les communions, anciennes et nouvelles, des intelligences élevées les écoutent : visitez la littérature contemporaine qui s'éprend d'amour pour les temples, pour les chants, pour les pratiques, pour les idées, pour les sentimens encore tout souillés des moqueries et des blasphêmes de sa mère, et vous serez convaincus qu'un immense besoin de religion travaille les masses et demande satisfaction.

— Je crois fermement qu'une société n'est sagement ordonnée, qu'elle n'a une constitution logique et viable, que du jour où l'ordre religieux et l'ordre moral ne sont pas séparés de l'ordre politique, et qu'une autre vie est l'encouragement et l'embellissement de celle-ci.

La question des arts touche à la question religieuse.

Ce n'est pas seulement que Dieu inspire l'art immédiatement et avec bonheur, c'est surtout que le sentiment qui est mis en jeu de chaque part s'adresse à quelque chose de plus haut, de plus noble, de plus désintéressé que la vie extérieure. C'est que l'amour de l'art est un amour pur, dévoué, en dehors des appétits animaux. S'il semble peu nécessaire à la constitution physique d'un état, il lui verse au-dedans, comme un principe fécond de vitalité, cette passion généreuse pour quelque chose qui n'est pas nous et qui ne nous est pas utile. Or cette passion ne s'éteint pas dans le champ de l'individualité elle rayonne sur tous les points du monde social. L'art provoque ainsi un enthousiasme, qui est la source du dévouement de l'homme pour ses semblables. Il est plus directement, par l'admiration générale qu'il recueille, un lien entre nous. Une société est fondée sur l'adhésion de ses membres à certaines idées, sur le partage de certains sentimens. N'est-ce pas détendre et relâcher la communauté que de couper un de ces nœuds? --S'il est une étude plus nécessaire au publiciste, n'est-elle pas celle des faits qui glissent, indécis, mal accusés, dans des associations incomplètes, et qui prennent du ton et de la couleur sur les contours d'une civilisation *en pied?* Car ces faits sont le propre de la civilisation : ne serait-ce pas la méconnaître que de ne pas tenir compte de ce qui lui est spécial? --- L'art en est là.

Nous aimons beaucoup les raisonnemens historiques, et nous pensons qu'on serait dans le vrai si on ne sortait pas de leur sphère d'attraction. --- L'art a embelli tous les âges policés : l'art anime et décore le seuil du dix-neuvième siècle. L'Allemagne, l'Angleterre, la France le parent des génies les plus beaux et les plus purs. Ce culte constant de l'homme est encore la religion de notre époque.

-- Si vous chassez de votre république la religion et l'art, vous exilez *le beau*, ce qui est bien déja un assez grand malheur pour des populations avides de jouissances intellectuelles et morales. -- Vous n'exilez pas seulement *le beau :* vous faites plus : vous brisez une des colonnes de *l'utile : le beau* est une des colonnes de *l'utile.*

Dieu nous a solicités par mille attraits, par mille séductions puissantes, à faire ce qui nous convient et ce qui entre dans l'ordre de ses desseins, chaque devoir est provoqué par une volupté. Là où la raison nous commande, là aussi nous convie le sentiment. La religion et l'art provoquent des sacrifices utiles pour notre société : la religion et l'art ne sont eux-mêmes qu'une raison supérieure à la raison de la rue que des intérêts plus profonds que les intérêts de surface.

Ayez du dévouement chez vous : vos petits intérêts materiels finiront par s'en mieux porter. Sans l'idée du sacrifice, vous ne recueilliriez rien.

Nous insistons sur ces idées parce que là est l'élément moral c'est-à-dire dévoué de l'humanité, et que cet élément est constitutif du cœur humain aussi bien que de l'ordre politique.

Nous pensons qu'une constitution ne saurait prétendre à quelque existence, si elle ne reconnaît cet élément. Il faut que la raison dicte et accepte les lois, mais en compagnie du sentiment. — Ici encore nous sommes de l'école de 93.

Les républicains matérialistes n'ont pas reconnu ces inexorables vérités. Comme ils ne croient qu'à la matière, ils lui ont emprunté une âpreté, une rudesse qui ont effrayé les royalistes. Ceux-ci ont été stupéfaits des menaces, des violences, des brutalités d'hommes qui se disaient progressifs et qui s'instituaient les plagiaires des barbares. Leur théorie incomplète aboutissait au désordre : leur parole inspirait la haine. — Et cependant, non seulement les républicains doivent se plier aux politesses de l'ancien monde, mais ils ont dans l'ame quelque chose de plus affectueux et de plus aimable qui leur amènera des partisans à mesure qu'ils le manifesteront. Ils sont les hommes les plus doux, parce qu'ils sont les plus avancés. Il y a, pour ainsi dire, une civilisation du cœur, comme une de la tête, et les siècles ne passent pas sur lui sans dévoiler des nuances de morale délicates et imperceptibles, sans l'engager dans des devoirs et des sentimens plus intimes, plus receuillis, plus discrets.

II

Les républicains matérialistes se divisent en matérialistes conséquens et en matérialistes inconséquens.

Les matérialistes inconséquens ne s'occupent pas
d'économie. Ils ne proposeraient pas d'inspiration un
grand système de bien-être pour les masses. Ils en sont
encore à se débattre dans une ridicule considération
des pouvoirs : ils ont été engendrés par les doctrinaires
auxquels ils touchent par tout leur sytème. Ce sont,
comme eux, des esprits peu français. — Ils forment
l'*école américaine.*

Cette école sans originalité et sans audace révolu-
tionnaire a pour chef M. de Lafayette. — Miraculeuse
impuissance d'action qui n'est pas rachetée par une
vaste intelligence ; anachronisme élégant d'un style
aristocratique et un peu fade ; secret de gâter les affaires de son parti, tout en déployant un certain
dévouement qui est réel, quoiqu'inférieur de bien
loin à des dévouemens contemporains; vertus du foyer
domestique ; sérénité d'une ame commune et honnête sans exaltation : voila l'homme que la démocratie
a le droit de juger avec sévérité, parce que nul plus
que lui n'a fait de mal à la patrie. Cet homme avec
ses hésitations, son inactivité, sa théorie des droits
imprescriptibles, la timidité illogique de son système,
avec des qualités du cœur qui lui sont personnelles, est
le représentant naturel et caractéristique des matérialistes inconséquens.

Comme ils ont développé dans ces derniers temps
avec quelque habileté de formes leur système bâtard
et étranger ; comme, sans comprendre ni l'humanité
ni le siècle, ils ont interprêté avec quelque bon sens
pratique une des faces des faits quotidiens ; comme la

ligne qui les sépare du *constitutionnalisme* dont ils sont les hérétiques, est peu profonde, un petit nombre de constitutionnels se sont fait avec eux Américains.

Le grand défaut de cette école est sa pluralité de pouvoirs. Cette pluralité a deux fâcheux effets : celui d'occuper plusieurs intelligences là où une seule aurait suffi, et ainsi de neutraliser des capacités utiles ; et celui, plus grand, d'enfanter la lutte, le duel, l'anarchie.

Nous n'ignorons pas la cause qui a provoqué cette pluralité. La défiance contre tous les despotismes a fait trembler cette opinion dans la crainte du despotisme populaire qu'une chambre unique pourrait usurper. Mais l'esprit d'opposition contre d'anciens gouvernemens peut-il en bâtir un nouveau ? Nous signalons cette habitude des matérialistes, de craindre plus que nous pour leur liberté, et de la faire moins large, moins étendue. — Puis, comme il serait ridicule que le mode électoral fût identique pour les deux chambres ; il faut bien, en en créant un spécial pour une d'elles, constituer en aristocratie certaines catégories de citoyens. — La nuance aristocratique se fait souvent sentir dans ce système. M. de Lafayette, dans la constitution de 91, avait déja monopolisé l'élection pour les *citoyens actifs*. Le système électoral de l'école est aujourd'hui encore plus étroit.

Toutefois l'anarchie, dont les entouraient les trois pouvoirs royalisés, parlait si haut que les *inconséquens* ont cru rétablir l'unité en concentrant davantage les affaires dans les mains du pouvoir exécutif. — Nous prenons acte de cette amélioration comme d'un hommage éclatant rendu au système unitaire.

Les *inconséquens* s'arrêtent à 91, à sa transitoire constitution ; ils ont dit beaucoup de mal de 93 et de ses hommes ; ils s'en taisent aujourd'hui.

Les *conséquens* vont presque jusqu'en germinal, et s'arrêtent à la tête coupée de Desmoulins. Je ne sais même s'ils comprennent quel profond instinct social éloigna Robespierre des Hébertistes ; comment lui, qu'on a regardé comme l'homme de la guillotine, tua ceux qui voulaient donner trop de sang à son avide *épouse*, et cela avec l'intention de ne divorcer que plus tard. Toujours est-il certain qu'ils ne peuvent apprécier ni les fêtes religieuses ni le mystérieux et gigantesque projet de donner pour pivot à la société Dieu et la vertu, et de fraterniser le monde. Les *conséquens*, pleins d'un courage admirable, quelquefois violent, sont surtout des hommes de liberté, c'est-à-dire, d'opposition. Ils ne sont pas tout imprégnés de la pensée spiritualiste des montagnards purs, et sont par conséquent impuissans à la continuer. Nous devons leur rendre cette justice qu'ils sont pour l'unité gouvernementale.

Quoiqu'ils n'aient guère déployé d'originalité dans la synthèse économique, je suis persuadé qu'ils voteraient d'emblée les lois les plus populaires. Les *inconséquens* laisseraient passer quelques améliorations sans importance, et par ces adhésions auraient anéanti leur force de répulsion le jour où se présenteraient de plus larges concessions.

Les spiritualistes formuleront le dogme économique ; car ceux qui connaissent mieux le ciel, connaissent aussi mieux la terre. Ainsi sur ce terrain il n'y aura pas combat.

Le point de contact entre les républicains serait

presque invisible dans la victoire. Aujourd'hui il est gros à l'œil. — C'est la haine de la royauté.

La royauté a été bonne et l'est encore chez quelques nations. — Mais cette institution n'est et ne saurait être bonne chez nous. En accordant que le roi des Français soit un Antonin ou un Henri IV, ses vertus sont paralysées par le crime d'une institution vieillie.

Cette haine contre la royauté est salutaire et bonne. C'est pitié que des intérêts d'homme et de nation se regardant en face ; des courtisans qui ont toujours de la poussière au front et de l'or à la main ; des hommes de vertu et de génie au-dessous d'un homme qui peut n'avoir ni vertu ni génie : des millions prodigués pour engraisser l'oisiveté opulente parmi les râles d'une agonie affamée, les hurlemens du travail sans vêtement, sans nourriture, sans demeure. Ah ! c'est pitié !

La royauté a quelque chose de si dégradant pour la nature humaine, que la république parut toujours plus désirable dans les temps même où elle était impossible, et par conséquent mauvaise.

Galba dit à Pison, dans la belle harangue que Tacite revêt de son magnifique langage : « Si notre vaste corps social pouvait tenir debout et garder son équilibre sans un chef, j'étais digne d'inaugurer la république. » Et quand Galba exhale-t-il ce mélancolique regret ? Après Tibère et Néron. Et devant qui ? Devant les masses populaires dont les souvenirs se passionnaient à la *Pharsale* de Lucain et au *Caton* de Muternus ? Non ; mais devant Pison, empereur désigné ; devant Celsus, consul désigné ; devant Lacon, préfet du prétoire ; devant Géminus, préfet de Rome ; devant Vinius, consul, c'est-à-dire, si l'on considère ce qu'étaient alors ces fonctions, devant les grands dignitaires de la couronne , devant les hommes les plus intéressés au maintien de l'ordre monarchique.

En France, la Ligue et la Fronde prononcèrent aussi le nom de la république. — A Rome il n'était plus temps : en France il n'était pas temps encore.

Quant a nous , voici notre *Credo* dont les articles devraient être écrits dans une large constitution : le monothéisme ; l'immortalité de l'ame ; la monogamie , institution indigène chez les races germaniques , et qui deviendra cosmopolite ; la monogamie pour toute la vie, comme elle l'était chez nos ancêtres ; l'élection universelle , mais par degrés ; une seule chambre toute puissante , mais rééligible à de courts intervalles ; le pouvoir composé en grande partie d'industriels et d'a-gronomes avec la libre et universelle exploitation du pays.

L'occasion qui m'a rendu maître de l'oreille de quelques rares lecteurs est bien mesquine, puisqu'il s'agit de moi, bien grande puisqu'il s'agit aussi de la liberté de la presse. Les propriétaires et capitalistes lyonnais se ravisent depuis quelque temps , et nous permettent de penser tout haut. La république gagne ses positions. Le jury lyonnais a vu près de moi sans étonnement Michel-Ange Périer, mon ami , mon défenseur. Périer était pour moi un grand réalisateur : il avait traversé glorieusement les révolutions de Paris, de Bruxelles, de Lyon pour venir protéger de sa parole calme une discussion pacifique. — C'était une matière à réflexion.

Maintenant les journalistes, qui ne sont ni sots, ni fripons, n'auront plus d'excuse, pas même celle de la lacheté, à ne pas crier sur les toits le principe républicain. — Il faut bien que la plume soit dans des mains franches, quand la parole est aux poltrons. — Il faut détourner la griffe du lion de la poitrine de ces impudens bavards, qui sans talent, sans courage, rampent, détonnent et trahissent — Infâme opposition surtout, qui manque à notre langue, à nos idées, à notre liberté !

Je remercie les journaux lyonnais (1), et les autres organes de la presse à quelque opinion qu'ils appartiennent de la bienveillante attention qu'ils ont accordée à mon procès. Je dois aussi des actions de grace bien sincères aux chaudes sympathies qui ont bien voulu s'attacher sinon à mes doctrines, du moins, à mon caractère. Cette brochure que je publie, est un témoignage bien faible, bien indigne, de ma reconnaissance.

Eugène DUFAITELLE.

Lyon, 9 décembre 1832.

L'organe bourgeois de l'opposition constitutionnelle a adopté après mon acquittement, un *programme* républicain. — C'était l'hommage le plus flatteur que peuvent rendre à mes convictions, l'honorable M. Galois, rédacteur-propriétaire du *Journal du Commerce* (de Lyon.) — La *Gazette du Lyonnais* a défendu en nous un principe dont nous demandons l'application à son égard. Nous avons tout lieu de croire à sa parole, et nous souhaitons pour l'avenir, des jugemens aussi favorables à MM. les rédacteurs.

COUR D'ASSISES DU RHONE,

Audience du 4 décembre.

La cour entre en séance à neuf heures.

M. Eugène Dufaitelle, auteur d'un article signé et inséré dans le n° 1708 du *Précurseur*, et incriminé par le ministère public, se présente seul à la barre. Son défenseur, Mᶜ Michel-Ange Périer, expose que M. Anselme Petetin, gérant du journal, étant tout-à-fait étranger à la publication de cet article, a cru devoir s'abstenir de comparaître.

On procède au tirage de MM. les jurés. Le prévenu épuise son droit de récusation. Les jurés maintenus sont :

MM. Veyra (Charles-Orcet), né le 16 juillet 1777, propriétaire, tanneur, demeurant à Grigny ;

Mayet (Pierre-Gilbert), né le 17 avril 1792, propriétaire, demeurant à Vernaison ;

Armand (Joseph-Moïse), né le 26 décembre 1796, marchand de nouveautés, demeurant à Lyon, rue Sirène, n° 11 ;

Achard (Antoine-Pierre), né le 12 mai 1792, marchand de nouveautés, demeurant à Lyon, rue Clermont, n° 1 ;

Milland (Jean-Baptiste), né le 25 janvier 1774, marchand épicier, demeurant à Lyon, place du Collége, n° 6 ;

Beau (Louis-Antoine), né le 5 février 1787, corroyeur, demeurant à Lyon, place de l'Hôpital, n° 3;

Arnaud (Laurent-Antoine-Victor), né le 29 juillet 1790, marchand épicier, demeurant à Lyon, quai de l'Hôpital, n° 108;

Lecour (Henri), né le 26 février 1771, marchand drapier, demeurant à Lyon, Grande-Rue Longue, n° 25;

Bardousse (Hubert-Michel), né le 11 décembre 1768, propriétaire, demeurant à Saint-Didier-au-Mont-d'Or;

Boinon (Jean-Pierre), né le 9 mars 1793, propriétaire, pâtissier, demeurant à Lyon, rue St-Dominique, n° 6;

Canard (Pierre), né le 28 novembre 1792, marchand de plâtre, demeurant à St-Georges-de-Roncins.

M. Dufaitelle, interrogé sur ses nom et qualités, répond : Eugène Dufaitelle, propriétaire, âgé de 22 ans, né à Calais.

Il se reconnaît l'auteur de l'article incriminé.

M. le président dit à M. Dufaitelle qu'on a saisi, à la poste, un numéro qui était adressé au roi, et lui demande quel motif l'a engagé à envoyer au roi un article *aussi outrageant* pour sa personne. — R. Monsieur le président, je n'ai pas connaissance du fait dont vous me parlez. Quand j'écrivais dans le *Précurseur*, je n'étais pas chargé de l'envoi des journaux : ce soin regarde le caissier. Je pourrai peut-être néanmoins éclaircir à vos yeux le fait sur lequel vous m'interpellez. Je me souviens, d'une manière bien positive, que M. Petetin m'a dit, il y a six mois, que le duc d'Orléans avait été abonné au *Précurseur*, et que le roi avait continué l'abonnement : comme depuis notre scission mes rapports avec M. Petetin ont été nécessairement moins fréquens, que j'ai été long-temps malade, et que nos rares conversations roulaient sur d'importantes matières; j'ignore si le *Précurseur* a perdu un de ses abonnés (1).

La parole est à M. Chaix, avocat-général. Il commence à lire l'article incriminé. — M. Dufaitelle l'interrompt et réclame véhément : « L'équité veut que « cette lecture soit faite par une voix impartiale, que « ni vous, ni moi, ne prévenions l'esprit de MM. les « jurés par une accentuation passionnée. Je demande « que M. le greffier lise l'article incriminé. » M. Chaix se plaint de l'impolitesse dont M. Dufaitelle se rend coupable envers lui par sa défiance. Il invoque ses antécédens personnels et invariables, et reprend la lecture de l'article. Il s'attache à faire ressortir de plusieurs phrases les délits : 1° d'excitation à la haine et au mépris du gouvernement du roi; 2° d'attaque contre la dignité royale, contre l'autorité constititutionnelle du roi des Français, et contre les droits que le roi tient du vœu de la nation.

Voici l'article. Les passages incriminés sont marqués par des guillemets.

Article incriminé.

Il y a long-temps que nous pensons et que nous disons que deux principes se disputent l'Europe, et la France en particulier; qu'il faut être ou pour les rois

---

(1) Nous devons, à l'obligeance de M. Anselme Petetin, les renseignemens suivans:

Louis-Philippe est encore l'abonné du *Précurseur*. Il n'a payé les trimestres échus qu'après sommation d'huissier.

Louis-Philippe, n'étant que duc d'Orléans, était abonné à tous les journaux. Il en a renvoyé plusieurs depuis son changement de fortune. C'était casser sa béquille de cardinal.

contre les peuples, ou pour les peuples contre les rois.
— Notre choix ne pouvait être douteux, notre pensée
et notre expression ont été purement démocratiques,
et nous avons préparé, autant qu'il a été en nous, l'a-
vènement d'un système vrai et utile pour les masses.
Si nos théories ont d'abord éprouvé de la défaveur au-
près de quelques-uns de nos amis, les faits sont venus
apporter leur sanction à nos idées, et ont convaincu
les esprits timides de leur excellence. — En effet, vous
aurez beau prouver que la faction des royalistes est
impuissante à conduire les nations contemporaines, quelque couleur qu'elle revête ; vous aurez beau prétendre
que là où il y a un roi, il y a inévitablement une cour,
et que là où il y a une cour, il y a aussi inévitablement
des intrigans de toute espèce, de misérables oisifs qui
se croisent les bras, et vivent plus heureux et plus ho-
norés que les travailleurs : tant que quelque grande folie,
qui accompagne les royalistes de tous les temps et de
tous les lieux, ne sera pas venue convaincre notre parole de vérité, nous passerons pour des utopistes à qui
on accordera, par esprit de concession, une ame honnête et un cœur chaleureux ; mais on nous refusera le
sentiment de ce qui est praticable. On dira que nous ne
comprenons rien aux faits, que nous argumentons d'a-
près notre raison intérieure qui n'est pas celle de tout
le monde, ou d'après des livres qui parlent d'un autre
siècle ou d'une autre nation. — Mais que le pouvoir dé-
roule son histoire, qu'il vive seulement un an, et la
nation sera dégoûtée des royalistes : alors il faudra bien
qu'on avoue que l'intelligence du fait actuel peut fort
bien exister avec un cœur chaleureux.

Nous avons été les premiers à proclamer certaines
incompatibilités : notre parole, d'abord contredite même
par des hommes qui se groupaient autour de nous, a
été bientôt accueillie plus favorablement. — Aujour-

d'hui, ces incompatibilités, le juste-milieu lui-même les avoue. Voici ce que dit le *Journal des Débats* que nous recevons ce soir :

« C'est que la question est ainsi posée ; c'est qu'il n'y a de véritable débat qu'entre la monarchie et la république, entre la liberté et l'anarchie. Il faut être pour l'une ou pour l'autre, il n'y a pas de milieu ! on est pour l'une ou pour l'autre, même malgré soi ! Vous avez beau vouloir faire de l'opposition, vous faites plus ; vous y êtes entraîné.... » Nous n'avions pas encore posé la question dans des termes aussi rigoureux, et nous remercions les *Débats* de nous avoir donné cette formule dégagée de toute phrase. Oui, il n'y a en France et dans toute l'Europe que des royalistes ou des libéraux : tous les prétendus libéraux qui continuent la comédie de quinze ans, et protestent niaisement de leur amour pour la royauté de juillet ne sont pas des nôtres : nous ne voulons pas de ces hommes. Ou on est le flatteur d'un seul, ou on se dévoue pour les masses : on est monarchiste ou républicain. — Nous avons déja dit que nous sommes républicains en principe. »

« Le *Journal des Débats* a parfaitement raison de dire
« qu'on est pour la liberté ou pour l'anarchie, qu'il
« n'y a pas de milieu.

« Le gouvernement actuel ne nous a donné, depuis
« deux ans, que de l'anarchie : ceux qui sont pour le
« gouvernement actuel sont pour l'anarchie ; car ceux
« qui sont pour la cause sont pour le résultat. Or, d'un
« pouvoir faible et violent devaient sortir naturelle-
« ment des désordres de toute sorte : à cet arbre-là
« il n'y avait pas d'autres fruits.

« Ainsi je voudrais qu'on demandât à chaque citoyen
« français : Êtes-vous royaliste ou républicain ? — Vou-
« lez-vous le bien-être d'un seul aux dépens du bien-
« être de tous ? ou le bien-être de tous ? Et alors on comp-
« terait les voix.

« C'est que le bon sens le plus vulgaire aboutit né-
« cessairement à la république. Pourquoi payer grasse-
« ment un roi qui est réduit à la nullité par la fiction
« constitutionnelle? — S'il ne nuit pas aux fonctions de
« la machine, ce ressort est du moins très inutile et
« très coûteux. Or, ce qui est inutile finit toujours par
« nuire; et ensuite pourquoi payer plus un fonction-
« naire qui ne fonctionne pas qu'un homme intelligent
« et laborieux? »

Il est passé le temps où les portières nous disaient
que la république est impossible. Il faudrait renvoyer
de pareilles gens à la caricature d'Henri Monier. — On
a parcouru l'histoire des peuples, et on a vu que les
peuples vieux comme les peuples jeunes, les peuples
riches comme les peuples pauvres, les grands états
comme les petites villes pouvaient également jouir des
bienfaits de cette excellente forme de gouvernement.

Tous les bons esprits en reconnaissent aujourd'hui la
supériorité; Louis-Philippe lui-même, qui est bien payé
pour ne pas médire de la vieille forme monarchique,
a proclamé en tous temps des principes républicains.
— Général il accolait au titre de son grade le mot *Ega-
lité*; il comprenait parfaitement toute la portée de ce
mot; il savait qu'aujourd'hui toutes les distinctions monarchiques et aristocratiques sont arriérées et ridicules,
et il aurait bien ri si Mlle Lenormand lui avait fait lire
dans ses cartes qu'un jour il aurait des écuyers caval-
cadours et des officiers d'ordonnance, et que son am-
bassadeur à Londres remplirait un volume in-4° de l'é-
numération de ses titres et dignités.

Ainsi toute la France est républicaine, à commencer
par le roi : l'installation de la république n'est donc
qu'une question de temps.

«Beaucoup de bons esprits, tout en subissant la con-
« tagion des idées contemporaines, tout en étant pro-

« fondément démocratiques, ont accepté ou même ap-
« pelé le nouveau pouvoir royal comme un obstacle à
« la guerre civile, à la guerre étrangère. — Or, la guerre
« civile nous l'avons eue sous toutes ses faces : la guerre
« étrangère, après avoir imaginé toutes les turpitudes
« possibles pour l'éviter, nous vient plus menaçante
« que jamais. La guerre sera certainement la mort du
« parti royaliste : le premier coup de canon qui reten-
« tira aux frontières sonnera ses funérailles. »

Maintenant nous n'avons plus à recommander à nos
amis que de la modération et de la patience : le moment ne peut long-temps se faire attendre. Ce n'est que
par le calme de la force et les moyens rationnels que
nous triompherons ; arrière les émeutes et le sang versé !
— arrière ! — A la tête des générations actuelles, nous
devons encore être animés plus qu'elles du besoin d'ordre, de paix ; l'intelligence doit être notre seule arme :
ne l'abandonnons pas, mais n'en cherchons pas d'autre.

« Le pouvoir est tellement convaincu de la toute-puis-
« sance de cette arme, qu'il l'a ébréchée autant que
« possible. — Chaînes fiscales, chaînes judiciaires, il
« n'a épargné à la pensée aucune gêne ; car il savait
« que la pensée libre le renverserait, qu'elle n'avait pas
« besoin de mouvemens dans la rue ni d'insurrection à
« main armée. — Oui, l'intelligence amènera pacifique-
« ment le triomphe du parti républicain. Soumettons-
« nous au pouvoir de fait, en attendant qu'il sente lui-
« même le besoin de se retirer. — Il le sentira bien-
« tôt. »

Eugène DUFAITELLE.

M. l'avocat général rappelle que cet article a été écrit
le 27 juin, et il voit dans cette date l'indice d'espérances
coupables. Comme des perturbateurs avaient agité la
société les 5 et 6 de ce mois, le prévenu comptait sans

doute réveiller l'esprit de désordre par les paroles pro-
vocatrices (1).

M⁰ Michel-Ange Périer se lève. Le nombreux auditoire
semble témoigner une vive sympathie à la défense, et
regarder avec intérêt la croix de juillet qui brille sur la
robe du jeune avocat.

Le défenseur s'exprime ainsi :

MESSIEURS DE LA COUR, MESSIEURS LES JURÉS,

« A une époque récente et déja loin de nous : époque glorieuse d'émancipation dont le souvenir semble
un rêve!... Nous crûmes à l'affranchissement complet de
la presse ; nous crûmes que le droit d'examen, de discussion ne pourrait plus être contesté. — Ces illusions
et bien d'autres furent de courte durée : la presse devait avoir encore de longues et pénibles luttes à soutenir ; elle devait bientôt se trouver en face des mêmes
préjugés, des mêmes passions : réduite à recommencer
son rôle d'autrefois, elle devait affronter les mêmes obstacles, les mêmes périls. — Mais dans cette lutte de
tous les jours, mais dans cette guerre d'extermination
livrée à la presse indépendante, dans cette lutte de la
force contre l'intelligence, nous n'avons jamais désespéré de la presse ! — Le pouvoir devait s'épuiser en
vains efforts contre une puissance morale, dont la nature est de se fortifier de tous les obstacles qu'on lui
oppose. Nous n'avons jamais désespéré de la presse !
car nous avons acquis enfin, et pour toujours, le droit

---

(1) Le juste-milieu de Lyon ne le cède en rien au juste-milieu de
Paris pour ses accusations niaisement atroces. On se rappelle que le
Journal des Débats accusait les signataires du *compte-rendu,* d'avoir
inspiré l'émeute de police de juin.

de nous défendre devant nos seuls véritables juges en matière de presse : devant l'opinion du pays représentée par le jury. — Déja, messieurs les jurés, vos décisions ont prouvé que vous ne partagiez pas toutes les antipathies du pouvoir contre la presse ; mais que vous la regardiez, avec raison, comme la plus précieuse de nos garanties. — Ici, naguère, le *Précurseur* eut à la fois quatre procès à soutenir ; et quatre acquittemens successifs retentissent encore dans cette enceinte. — Le dernier de ces procès, qui ne put alors être contradictoirement jugé, vous est soumis aujourd'hui ; et nous venons, Messieurs, non plus comme alors avec un brillant cortége d'illustration et de talent : non plus comme alors, avec tous les prestiges oratoires, toute l'autorité de l'éloquence : mais avec la seule autorité des principes.....; et pourtant je ne sais si je m'abuse, mais je viens avec une ferme confiance ; il me semble que ma cause ne peut succomber devant vous, Messieurs, qui dans la sphère élevée où la loi vous a placés, avec mission surtout de veiller à cette liberté de la pensée et de la parole, dont la cause est à la fois celle de la civilisation, celle de l'intelligence, celle du progrès, celle de l'avenir ! Non, elle ne peut succomber devant vous, la cause que je viens défendre ; car vous n'avez et ne pouvez avoir d'autres intérêts que les intérêts du pays ; et vous êtes ici protecteurs de nos droits et gardiens des libertés publiques.

« Vous aurez à juger dans cette cause, Messieurs, si une pure discussion de principes, si l'exposé d'une simple théorie, si l'expression raisonnée d'une opinion politique, quelle qu'elle soit, peut constituer un délit. — Mais avant d'aborder cette discussion qui touche aux plus hauts intérêts de l'ordre social, et où le ministère public a cru devoir mettre en question l'article 8 de la charte, permettez-moi quelques mots. — Il est certaines préventions que je dois d'abord faire disparaître.

« On a dit, Messieurs, on a répété que M. Dufaitelle ne s'était laissé juger par défaut aux dernières assises, que pour se soustraire à une condamnation. — Certes, le moment alors était favorable : après quatre victoires successives, on n'avait guère lieu de craindre une défaite : M. Dufaitelle pourtant s'abstint de comparaître : il ne vint pas engager la lutte avec le ministère public, mais ce fut par un tout autre motif : c'est que son défenseur ne pouvait alors, par des raisons toutes personnelles, et dont il est inutile de parler ici, plaider la cause qui lui était confiée (1). — On a dit aussi que M. Odilon-Barrot avait refusé de se charger de la défense de M. Dufaitelle : ici encore il y a erreur complète. L'illustre défenseur qui vint alors prêter au *Précurseur* l'appui de sa haute éloquence, n'eut point, Messieurs, à refuser son ministère ; il fut question pour lui, il est vrai, de plaider cette cause ; mais des circonstances étrangères au procès s'y opposèrent ; et je puis et je dois le dire, les obstacles ne vinrent pas de M. Barrot, mais de M. Dufaitelle.

« Il n'est rien enfin qu'on n'ait essayé d'avance pour jeter de la défaveur sur cette cause : on a dit que M. Petetin, en désavouant dans le *Précurseur* l'article qui a été depuis incriminé, en avait par cela même reconnu la culpabilité (2). — C'est étrangement méconnaître le caractère de M. Petetin. Comme gérant du journal, M.

---

(1) M. Michel-Ange Périer, arrêté au début de sa carrière par une accusation politique, avait été pour ce fait suspendu, pendant trois mois, de l'exercice de sa profession, par MM. du conseil de discipline de l'ordre des avocats.

(2) On lit dans le *Précurseur* du 30 juin :

« Nous avons annoncé l'indisposition grave dont le rédacteur en chef du *Précurseur* était atteint. Cette maladie, qui dure encore, ne lui a point permis de présider à la révision des articles insérés

Petetin a pu désapprouver cet article pour une foule de motifs que je n'ai pas ici à examiner; mais en résulte-t-il que l'article à ses yeux fût légalement coupable?... Il en résulte, Messieurs, précisément le contraire : si M. Petetin, en effet, eût pensé que l'article fût de nature à être poursuivi, il n'aurait pas, par une manifes-

---

dans les derniers numéros de ce journal, et c'est seulement aujourd'hui qu'il a pu prendre connaissance de l'article publié mercredi 27 juin (1ʳᵉ page), et signé Eugène Dufaitelle. Cet article *n'étant nullement conforme aux doctrines adoptées par le Précurseur, au programme adopté et proclamé par lui jusqu'à présent*, doit être considéré comme une *opinion individuelle*, dont le gérant du journal peut être responsable devant la loi, *mais dont il ne veut point devenir solidaire vis-à-vis du public.*

Sans entrer dans des explications inutiles sur cet article, il suffit que le rédacteur du *Précurseur* déclare que s'il avait pu le lire avant sa publication, *il l'aurait rejeté, soit à cause du fond, soit à cause de la forme.*   A. P. (Anselme Petetin).

On lit dans le *Précurseur* du 4 juillet :

Monsieur le Rédacteur,

Le *Précurseur* de ce jour contient un désaveu de mon article sur l'excellence de la forme républicaine. — Vous m'avez fait l'honneur, dans une lettre particulière, de m'engager à rester attaché à la rédaction ; vous avez la bonté de m'assurer que vous n'avez aucun projet de rupture avec un homme que vous *honorez.* — Je vous prie de croire, Monsieur, que je suis très sensible à de telles paroles venant d'un tel écrivain; mais je crois, et j'ai toujours cru, qu'il ne peut exister de liaisons politiques qu'entre des hommes de même opinion ; que hors de là il y a *immoralité.* Je m'étais persuadé qu'il résultait de plusieurs articles du *Précurseur*, et particulièrement de la protestation contre la conduite du gouvernement lors des événemens de juin, que nous entrions dans une polémique purement démocratique. — Il paraît, d'après votre déclaration d'aujourd'hui, que cette déduction était fausse. C'est à moi à subir les conséquences de ma mauvaise logique. Puisque nous différons d'avis sur une question qui, suivant moi, acquiert tous les jours plus d'importance, je viens déclarer publiquement que je me retire du *Précurseur*, et que je reste tout-à fait étranger à sa rédaction.

tation en quelque sorte officielle, appelé sur cet article l'attention du ministère public; il se serait gardé, j'aime à le croire, d'agraver ainsi la position de l'écrivain. S'il l'a fait, c'est qu'à ses yeux, sans doute, l'article ne renfermait aucun délit, ne pouvait, en aucun cas, entraîner des poursuites judiciaires.

« Comme vous ne partagez pas mon opinion sur cetaines questions, il est juste, il est *moral* que vous n'en subissiez la responsabilité ni devant la cour d'assises, ni devant le tribunal de l'opinion. J'ai déclaré ce matin à M. le juge d'instruction, dont je me plais à reconnaître la bienveillante politesse et les formes exquises, que j'étais auteur, et seul auteur de l'article du 27; qu'étant malade lors de son insertion, vous n'aviez pu en avoir communication; que vous le désapprouviez complètement. J'ai invoqué pour vous l'excuse de bonne foi qui a été alléguée avec succès par les écrivains politiques de la restauration. J'ai fait ma profession de foi franche et simple, et je la place ici, parce que je n'envie aucunement la réputation d'énergumène. «Le roi, personnellement, peut être très digne d'estime et d'amour; mais j'ai cru que la royauté n'était pas appropriée aux besoins de l'époque, et j'ai cru que j'avais le droit de le dire. »

Je me retire donc seulement parce que je veux conserver ma probité politique : c'est mon seul trésor; je le maintiendrai pur et intact.

Seriez-vous assez bon pour communiquer à vos lecteurs la lettre suivante que j'adresse à M. le procureur général.

A M. le procureur général.

Monsieur,

M. le juge d'instruction vient de m'apprendre que la cour était saisie de l'affaire du *Précurseur*, incriminé pour trois articles relatifs aux événemens des 5 et 6 juin. — Je suis auteur d'un de ces articles, ayant pour titre : *Platitudes monarchiques.* J'avais eu l'honneur d'écrire à M. le procureur du roi une lettre où j'en fis la déclaration; mais comme alors j'étais attaché au *Précurseur*, des convenances de rédaction que vous apprécierez facilement, décidèrent M. Anselme Petetin à s'exposer seul à la prison. — Maintenant que ces convenances ne peuvent pas exister, je viens, Monsieur, réclamer ma part d'accusation, et au besoin d'amende et de prison.

E. Dufaitelle.

Je conserverai toujours, Monsieur le rédacteur, un souvenir bien

« Vous me pardonnerez ces explications qui, bien qu'en dehors de la cause, étaient pourtant nécessaires.

« Je ne viens pas ici, à Dieu ne plaise, Messieurs! me faire l'apôtre de la licence, mais défendre les droits de la presse : loin de moi la pensée de me constituer jamais l'apologiste des écarts qui compromettent sa noble cause.

---

vif et de votre beau caractère et de votre raison si incisive et si spirituelle.

Agréez, etc.   Eugène DUFAITELLE.

Note du rédacteur. Nous ne voulons point attenter à la probité politique de M. Dufaitelle, et quoique nous regrettions vivement de perdre la coopération d'un si remarquable talent, nous ne pouvons point faire violence à des scrupules dont il est seul juge.

Il est sans doute inutile de dire aux lecteurs du *Précurseur* que M. Dufaitelle a fort mal jugé nos doctrines politiques : ils savent bien que ces doctrines sont *purement démocratiques*, et que nous n'avons jamais reculé devant les risques que pourrait nous faire courir leur éclatante manifestation. Ils n'ont jamais vu dans nos colonnes qu'un programme : *Les institutions républicaines* QUAND MÊME, c'est-à-dire avant tout, et mlagré tout : ils n'en verront jamais d'autre. Quant aux formes matérielles du pouvoir, quant aux hommes et aux dynasties qui s'en peuvent trouver les représentans, cela nous est profondément indifférent. Nous voulons l'ordre et la liberté ; nous voulons la gloire du pays au dehors, et l'amélioration du sort des classes laborieuses à l'intérieur ; nous voulons un régime de civilisation humaine et progressive : nous nous soucions peu du reste, et nous ne concevons pas que des gens de bon sens puissent s'en préoccuper.

Quelque gravité qui enveloppe, au premier regard comme à une mûre réflexion, un dissentiment adressé à la forme et au fond d'un article de principe ; quoique M. Anselme Petetin ait affiché le 30 juin des *doctrines* entièrement opposées aux doctrines républicaines, et qui ne pouvaient être que monarchiques ; quoiqu'il ait, le 30 juin, *adopté et proclamé un programme* contraire au programme républicain, et qui ne pouvait être que monarchique ; quoiqu'il ait,

« Au milieu des passions qui se heurtent si violemment aujourd'hui, la presse, organe non seulement de tous les intérêts dont la société se compose, de toutes les doctrines, de toutes les opinions, mais encore de toutes les passions et de toutes les antipathies; la presse périodique surtout, écho rapide instantané de tous les besoins sociaux, tribune où les partis viennent s'entre-choquer tous les jours, retentissement perpétuel et nécessaire de toutes les préoccupations du moment, la presse devait réfléchir l'état actuel de la société, l'état de crise où nous sommes, et porter passagèrement l'empreinte de l'irritation et de la véhémence. — Aussi ne le dissimulerai-je pas : la lutte a été, de part et d'autre, vive, hostile, passionnée; peu exempte de ces formes acrimonieuses de langage, que l'entraînement d'une composition rapide ne justifie pas toujours....... Mais au milieu de tout cela, si quelque chose doit me sembler étrange, c'est de voir poursuivre précisément une discussion calme et grave, une discussion de principes où tout est raisonnement : où la parole est consciencieuse et inoffensive. — Là, point de haine, point d'appel aux passions, point de paroles amères ; elles sont aussi loin du caractère honorable de celui que je

---

le 4 juillet, déclaré *ne pas concevoir que des gens de bon sens pussent se préoccuper* de la forme républicaine, aucune inimitié ne s'établit entre les deux opinions politiques qui s'étaient ignorées. La plus jeune vit même l'opinion monarchique arriver à elle en suivant une pente merveilleusement rapide. La république a fait tout-à-coup à Lyon, dans M. Anselme Petetin, une conquête importante; elle a gagné un talent souple, à qui manque peut-être l'audace de la pensée, et le contagieux enthousiasme de la parole, mais très apte à comprendre et à développer les systèmes financiers les plus nouveaux et les plus avancés; une intelligence infatigable et où domine un bon sens pratique; un style d'une acrimonie parfois assez spirituelle et d'une lucidité toujours très populaire.

défends que de ses habitudes comme écrivain. — Lui qui, long-temps étranger aux orages politiques : tout occupé de travaux abstraits, de consciencieuses études, de recherches littéraires ou philosophiques : vient tout-à-coup, arraché à sa vie intime, à sa vie d'intérieur excentrique et rêveuse, se jeter aussi dans l'arène et prendre part à la lutte : et faire de la politique... comme on fait de l'amour : avec son imagination d'artiste, son cœur de poète, son juvénil enthousiasme, ses illusions naïves et pures !.... Sa polémique à lui n'est pas une polémique de passion, mais une discussion grave et décente, discussion philosophique, toute de bonne foi et de conscience, où l'auteur soulève de hautes questions sociales, et domine les hommes et les circonstances, pour ne s'occuper que des principes.

« C'est cette discussion que nous avons à justifier, et nous le ferons par les raisonnemens les plus simples.

« La Charte, loin de défendre de publier ses opinions en matière de gouvernement, dit au contraire d'une manière générale, art. 8 : « Tout Français a le droit de faire imprimer et de publier ses opinions en se conformant aux lois. » Or, aucune loi que je sache n'a interdit le domaine de la discussion aux théories gouvernementales ; le droit de publier ses opinions, en se conformant aux lois, emporte donc incontestablement le droit de dire qu'on préfère telle forme de gouvernement à telle autre. — M. Dufaitelle n'a pas fait autre chose.

« S'il plaisait à quelqu'un de soutenir que telle autre forme de gouvernement, bien plus éloignée de la nôtre, que le gouvernement turc, par exemple, est le meilleur des gouvernemens possibles. — Assurément personne ne songerait à le poursuivre, et il ne nous viendrait pas à l'esprit que cet homme là pût être condamné. — Et pourquoi ne serait-il pas permis, tout aussi bien à M. Dufaitelle, de publier ses opinions républicaines ?.... La réponse est formulée d'avance : on me dira que l'opinion que j'ai supposée ne présenterait pas les mêmes dangers, et qu'il n'y aurait pas lieu de la poursuivre, parce qu'elle est absurde. — Je m'expliquerai bientôt sur ce prétendu danger ; mais à ce compte, remarquons-le dès à présent, l'absurdité deviendra un vrai privilége pour les écrivains : il faudra dire qu'il est permis d'attaquer le gouvernement actuel, mais à condition d'être absurde : lorsqu'on sera poursuivi pour un délit de presse, on n'aura qu'une chose à prouver, c'est qu'on n'a pas eu le sens commun : — plus on aura été absurde, plus on sera innocent ; voila la conséquence.

« Et remarquez bien, messieurs, qu'il ne s'agit pas ici de savoir si M. Dufaitelle a eu tort ou raison, si son opinion est vraie ou fausse : — telle n'est pas du tout la question.

« Je soutiens que le droit de publier ses opinions emporte même le droit de publier une opinion fausse.

« En effet, si le droit d'examen et de discussion ne devait s'exercer qu'à condition d'avoir toujours raison, il serait complétement illusoire : — il serait reconnu par la loi, mais à une condition qu'il n'est donné à personne de réaliser : celle d'être infaillible.

« On veut bien toutefois nous accorder ce point : on nous accorde même le droit de discuter les actes du gouvernement, la conduite des agens du pouvoir ; mais on soutient que le droit de discussion doit s'arrêter là, et qu'il ne saurait être permis d'attaquer le principe même du gouvernement. — C'est du moins un argument auquel je dois répondre, puisqu'il est la haute expression d'une trop fameuse circulaire ministérielle : — M. l'avocat général n'a pas cru devoir le reproduire, et en vérité je l'en félicite.

« Il n'est pas permis de contester le principe du gouvernement ?.... — Je pourrais d'abord demander pourquoi.... En politique comme ailleurs, tout ce que vous
construirez sur un faux principe devra s'écrouler : il
faut donc qu'on puisse d'abord s'assurer de la base. —
Mais je puis sans danger, pour ma cause, faire à nos
adversaires une large concession, et supposer qu'il ne
soit pas permis de contester le principe du gouvernement.

« Qu'est-ce donc que le principe du gouvernement ?
Est-ce la royauté ?.... Non, messieurs. — La royauté est
un des élémens du gouvernement représentatif, un des
pouvoirs de l'état, mais elle n'en est pas le principe :
pas plus que la chambre des pairs, pas plus que la
chambre des députés. — Il y a ici quelque chose de
plus à dire, c'est que l'élément essentiel du gouvernement représentatif est la représentation nationale ; —
d'où il suit que la royauté, loin d'être le principe du
gouvernement, n'en est même qu'un élément secon-
daire. — On conçoit fort bien que la royauté de droit
divin ait pu se dire, avec quelque raison, le principe
du gouvernement qu'elle avait octroyé ; mais la royauté
nouvelle qui n'a rien octroyé, ne saurait avoir la même
prétention. — Comme le gouvernement actuel ne peut
invoquer une autre origine que la souveraineté nationale, nous ne reconnaissons d'autre principe du gouvernement que la souveraineté nationale.

« Il est un autre argument auquel il semble d'abord
difficile de répondre, précisément parce qu'il ne signifie
absolument rien.

« On dit qu'il ne peut être permis de se servir de la
Charte pour attaquer la Charte.

« Ceci n'est qu'un pitoyable jeu de mots.

« On suppose, en effet, que la liberté de discussion,
en matière politique, n'existe pour nous qu'à titre de

concession et d'octroi ; d'où on arrive à conclure que le droit de publier ses opinions , étant un bienfait de la Charte, ne peut être employé contre la Charte.

« Mais la liberté de discussion n'est ni une concession ni un bienfait, elle est un droit ; la Charte ne l'a pas créé en notre faveur, elle n'a fait que le formuler, et nous ne reconnaissons à l'exercice de ce droit d'autres limites que celles de la loi.

« C'est dans l'intérêt de la société qu'on veut restreindre la liberté de discussion ; et je soutiens qu'il faut l'étendre au contraire dans l'intérêt même de la société.

« La réforme avait consacré le droit d'examen et de discussion en matière religieuse : la révolution de 89 l'a consacrée à tout jamais en matière politique : ce sont là deux grands faits qu'il n'est pas permis de nier ; et vouloir contester à la raison humaine l'héritage des siècles passés, c'est vouloir résister à la force des choses ; c'est vouloir renouveler tous les déchiremens qui ont accompagné les plus laborieux enfantemens de la civilisation.

« La société est intéressée à ce que le droit de discussion puisse s'exercer librement, même sur les institutions qui la protégent; elle est intéressée à ce qu'on puisse lui signaler librement les vices de ces institutions.

« Il est une vérité qu'il faut que je dise : c'est qu'à mesure que la société se modifie, ses formes extérieures se modifient aussi. — Il n'est pas dans la nature des institutions humaines de demeurer stationnaires, mais de se perfectionner, de s'améliorer successivement, de s'enrichir de tous les progrès de la civilisation et de l'intelligence.

« La société ne les accepte pas comme forme normale et définitive, puisqu'elle-même est essentiellement progressive, et qu'à mesure que le temps introduit dans ses mœurs des intérêts, des besoins nouveaux, ces intérêts, ces besoins doivent, sous peine d'anomalie et de désordre, trouver place dans les institutions.

« L'expérience nous l'a appris, Messieurs, les institutions n'ont de force et de durée qu'autant qu'elles demeurent en harmonie avec les besoins qu'elles doivent satisfaire : — alors seulement elles ont le droit de se maintenir, car les lois ne sont pas faites pour protéger les institutions contre les forces progressives de la société, mais pour protéger la société elle-même : et s'il est jamais reconnu que telle ou telle institution a cessé de répondre aux intérêts sociaux, elle devra se hâter de disparaître.

« Il suit de là que le droit d'examen et de discussion doit s'exercer librement dans l'intérêt même de la société. — Vouloir l'interdire, en matière d'institution, serait vouloir fermer toutes les voies au progrès, et condamner l'humanité à rester stationnaire.

« Il n'entre pas dans mon plan de défense d'analyser, avec M. Dufaitelle, le mécanisme de nos institutions : d'examiner si l'existence d'un pouvoir inviolable, placé en dehors de l'action gouvernementale, n'est pas un rouage inutile, une superfétation. C'est une question que l'avenir décidera sans doute : et je n'ai pas à jeter ici dans la balance de vos opinions le faible poids de mon opinion personnelle. — Ce que je demande, c'est une liberté entière de discussion, liberté pour tous, pour celui qui a tort comme pour celui qui a raison ; car la liberté de la presse, autrement entendue, ne serait plus qu'un privilége au profit de ceux qui tiennent le pouvoir.

« Où donc est le danger, pour la société, à ce que toutes les théories puissent se discuter librement ? — De deux choses l'une, et je puis enfermer l'accusation dans ce dilemme : ou les théories que vous poursuivez sont fausses ou elles sont vraies : dans le premier cas, et vous-même l'avez reconnu tout-à-l'heure, elles exerceront peu d'influence : alors, qu'est-il besoin de poursuites? qu'est-il besoin de condamnations?... Ces doctrines tomberont d'elles-mêmes, et vous n'aurez besoin que de les réfuter. Ou au contraire ces doctrines sont vraies ; et alors vous n'empêcherez pas qu'elles ne s'emparent, malgré vous de l'avenir; dans ce cas encore, vos poursuites seront inutiles. Ces doctrines triompheront, parce que la vérité est plus forte que tous les obstacles, parce qu'il est de sa nature et de sa destinée de triompher !

« Mais il est un autre point de vue sous lequel il faut envisager cette question.

« C'est que le gouvernement représentatif, tel que nous l'avons aujourd'hui, fondé sur le principe de la souveraineté nationale, est de sa nature essentiellement progréssif.

« D'où il suit que la presse doit y jouir d'une extrême latitude, et qu'il y aurait le plus grand danger à la comprimer.

« En effet : tant qu'une voie légale est ouverte aux améliorations, l'action progressive de la société se règle dans cette sphère constitutionnelle tracée autour d'elle, et arrive ainsi sans commotion, sans désordre, mais par des voies paisibles et régulières, à développer tous ses élémens de bien-être, de civilisation et de liberté. Mais si cette voie légale n'existe pas?... Si des besoins nouveaux surgissent au sein de la société, et ne peuvent se faire jour? s'ils ne trouvent d'autre issue que la plus terrible de toutes, si vous ne leur laissez d'autre langage que l'insurrection?.... il faudra s'attendre à voir à chaque instant tous les intérêts compromis, et la société sera placée sur un volcan qui menacera à chaque instant de faire explosion.

« Quelque affligeantes que soient nos divisions politiques, elles sont un fait qu'il faut reconnaître, et mieux vaut encore que les partis se fassent la guerre dans les journaux que s'ils se combattaient sur la place publique ; — c'est un des bienfaits de notre civilisation avancée, que d'être arrivés à ce point où les partis trouvent une arène paisible, où ils peuvent s'entrechoquer tous les jours sans danger pour l'ordre social. — La liberté de la presse est l'émeute des peuples civilisés.

« Jusqu'ici, Messieurs, je vous ai montré la société intéressée à la liberté illimitée de discussion, et vous m'avez compris : vous avez senti que le droit de tout dire n'était pas seulement une garantie pour la liberté, mais une garantie puissante d'ordre et de sécurité; que sera-ce donc si j'examine le droit en lui-même !

« Ce droit de publier ses opinions, garanti par l'art. 8 de la charte, n'est pas sans doute celui de publier telles ou telles opinions qu'il plairait au pouvoir de tolérer, mais bien le droit de publier ses propres opinions, quelles qu'elles soient.

« Je sais que cet article 8 déplaisait singulièrement à la restauration, qui, en cela fort conséquente avec ses doctrines, avait aussi sa censure facultative qui paralysait complètement le droit reconnu par l'article 8. Mais aujourd'hui que la censure a disparu de notre législation, et ne peut plus être rétablie, le droit de publier ses opinions n'est pas contestable.

« Ou l'art. 8 de la Charte signifie quelque chose, et l'auteur n'a fait qu'user d'un droit formellement reconnu par la loi : ou il ne signifie rien, et le droit de publier ses opinions n'est plus qu'un piége tendu à la bonne foi de l'écrivain et à la crédulité publique.

« Le pouvoir comprend si peu la liberté de discussion, que toute contradiction l'irrite : au lieu d'opposer des raisonnemens à des raisonnemens, il va fouiller dans les textes de la restauration pour y ramasser de hideux lambeaux, répond à des syllogismes par des saisies, et ne connaît d'autre moyen de réfutation que l'amende et la prison.

« C'est un pauvre argument, Messieurs, que celui de la violence. — C'est une énorme faute toujours, que d'appeler à l'appui de ses doctrines la force matérielle. — Vouloir étouffer la contradiction, c'est montrer qu'on n'espère pas vaincre par le raisonnement, qu'on n'ose se mesurer à armes égales, qu'on se défie de sa cause, c'est se condamner d'avance.

« C'est une faute et un malheur tout à la fois qu'un pouvoir soutienne ses doctrines avec de pareilles armes. — Un malheur véritable ! car les condamnations judiciaires useront vainement la force de la loi contre un pouvoir d'une nature différente, et plus fort que la sentence prononcée. — Infliger une peine corporelle pour punir les erreurs de la pensée, ce n'est pas seulement une rigueur révoltante, c'est une rigueur inutile.

« J'ai réfléchi souvent à cette inconséquence, et je me suis demandé quel pouvait être le but de semblables poursuites : jamais je n'ai pu m'en rendre compte.

« Les condamnations judiciaires n'ont d'effet qu'autant qu'elles répriment le délit, qu'elles effrayent les imitateurs par l'exemple : or, bien certainement, rien de tout ceci n'arrivera, et ce serait folie au pouvoir d'y compter, ce serait prouver qu'il ne connaît ni les hommes ni les choses. — L'expérience nous atteste qu'en matière politique, qu'en matière de presse, les condamnations judiciaires, loin de diminuer les délits, ne font que les multiplier, toutes les fois surtout qu'elles frappent sur des hommes profondément convaincus.

« Oui, Messieurs, plus il y aura de danger à professer hautement ses doctrines, plus on se croira obligé de le faire : il y a dans tout ce qui est dévoûment, sacrifice, abnégation de soi-même, quelque chose qui séduira toujours les ames ardentes : on se dit qu'il est beau et généreux d'avoir à souffrir pour d'intimes et consciencieuses croyances, et l'on met sa gloire a braver le péril....

« Ah! vous pouvez m'en croire, Messieurs ; car moi aussi, je puis vous le dire peut-être déja, avec l'autorité de l'expérience.... nos convictions se fortifient de tout ce qu'on a souffert pour elles ! Elles nous deviennent plus chères à mesure qu'elles nous apparaissent grandies par le baptême de la persécution ! Nous nous y attachons par des nœuds d'airain.... comme on s'attache à un ami malheureux, qu'il n'est plus permis d'abandonner sans honte et sans lâcheté ! De même nous nous attachons plus fortement à des doctrines qu'on persécute ; et plus on les proscrit, plus elles deviennent sacrées pour nous,

« Mais alors voici la question à laquelle je dois naturellement m'attendre : que devra donc faire le pouvoir contre des doctrines qui tendent à le renverser ?... Eh! mon Dieu, presque rien ; avoir du talent, de la gloire, de la popularité : je ne lui connais pas d'autre égide, mais celle-là est impénétrable.

« Ah! prouvez-nous que vous savez comprendre les intérêts du pays, et nous ne demanderons pas mieux que de vous croire !....

« Mais si chaque jour nous apporte quelque déception nouvelle ; si tous les élémens de richesse et de prospérité ne sont entre vos mains que des instrumens de corruption : si vous prodiguez l'or du pays pour acheter des consciences , et satisfaire à des dépenses de police secrète : si vous laissez froidement égorger les hommes qui ont combattu sur la foi de vos promesses : si les débris malheureux des peuples anéantis pour notre cause , ne trouvent parmi nous que des lois de haine et de persécution ; si tous vos actes attestent une honteuse impuissance , ou un parti pris de sacrifier les intérêts du pays à des intérêts de dynastie; si vous voulez enfin ramener parmi nous le régime des coups-d'état.... alors, oh ! alors je vous le dis : ce n'est ni par des procès , ni par des condamnations que vous ferez taire les voix accusatrices qui s'élèveront contre vous !

« On a parlé d'abus de la presse !.... Messieurs, je le reconnais, la presse , la parole, comme toute espèce de manifestations de la pensée , est susceptible d'abus. — On en abuse quand on se sert de la liberté contre la liberté ; quand on se sert de l'intelligence pour déclarer la guerre à l'intelligence ; quand on se sert de la parole pour étouffer la parole : mais quand on cherche de bonne foi la vérité, qu'on discute des principes , qu'on exprime des opinions, alors, Messieurs, on n'en abuse pas.

« Quoi! toute discussion serait interdite en matière de gouvernement ! quoi ! il ne serait pas permis à la pensée humaine de s'élever à de hautes théories ! il ne lui serait pas permis d'exercer ses philosophiques méditations sur de vastes problêmes ! Elle devrait, s'abdiquant elle-même, renoncer à se demander compte des destinées du monde futur !

« Messieurs, ce qu'on exige d'elle est impossible. Non seulement pareille doctrine porte atteinte à la dignité de l'homme, aux droits impérissables de la pensée, mais quelques efforts qu'on mette en usage , jamais on ne

l'empêchera de parcourir sa carrière ; il est de sa destinée d'explorer toutes les régions du monde moral,
et il n'appartient à nulle puissance humaine de restreindre le domaine illimité de l'intelligence.

« Et n'est-il pas de notre nature aussi d'examiner et
de juger toutes choses ? Vouloir interdire toute discussion, tout examen, n'est-ce pas vouloir interdire toute
espèce d'opinion, puisque nos opinions ne peuvent
être que le résultat d'un examen plus ou moins réfléchi des doctrines que nous avons adoptées et des
doctrines contraires ?

« S'il n'était pas permis à l'intelligence de vouloir,
en politique, autre chose que ce qui est, il faudrait
flétrir la mémoire de tous les publicistes qui ont amené
la science des institutions au point où elle est aujour-
d'hui. Il faudrait brûler Rousseau qui a osé dire sous
une monarchie que la forme républicaine était la meilleure. Au lieu de lui ériger des statues, il faudrait le
condamner à l'oubli : au lieu de porter ses cendres au
Panthéon, il faudrait les jeter aux vents : impuissante
profanation !.... Le vent qui disperserait sa cendre por-
terait sa pensée aux extrémités du monde.

Le défenseur parcourt l'article incriminé, en explique les différens
passages les uns par les autres, et ne voit, dans l'ensemble de cet article, qu'une discussion de pure théorie. Il combat les interprétations
du ministère public, et s'attache à démontrer l'absence de tout délit.

Le défenseur poursuit :

« Laissons parler toutes les opinions, que toutes puissent s'exprimer librement, et les orages politiques ne
seront plus à craindre. — Ce ne sont pas ceux qui de-
mandent, pour la presse, une liberté illimitée, qui veulent des révolutions, mais bien ceux qui prétendent fermer toute issue aux idées nouvelles, ceux à qui les
leçons de l'expérience n'ont rien appris sur les destinées

futures de l'humanité , et qui nient le progrès comme
des aveugles nient la lumière ; ceux qui croient em-
maillotter une nation belle et forte d'avenir dans les
langes du passé : ceux-là veulent des révolutions!

« La pensée libre n'a pas besoin des armes de la violence pour se réaliser : qu'elle puisse se produire sans
entrave , et nous verrons se déployer devant nous un
vaste et pacifique avenir !

Le défenseur invoque plusieurs arrêts qui ont consacré en principe
la liberté illimitée de la presse, et termine ainsi :

« Peut-être devais-je laisser le soin de défendre cette
importante cause à un de ces hommes habitués à convaincre , dont le seul nom eût été un gage de succès.
Peut-être si j'eusse mesuré toute l'étendue d'une pareille tâche, n'eussé-je point accepté cette mission pé-
rilleuse : moi qui n'avais d'autres titres pour la remplir,
que mon dévoûment inexpérimenté, mon amitié pour
Eugène Dufaitelle , et mes fraternelles sollicitudes. Mais
il faut que je le dise , et ce sera mon excuse : J'aurais
été jaloux qu'un autre vînt le défendre ! qu'un autre
que moi vînt ici le protéger de sa parole, et vous demander pour lui la justice qu'il a droit d'obtenir ! Il
m'a semblé, d'ailleurs, que cette cause n'avait pas besoin des ressources d'une habileté savante, et que la
voix d'un ami, faible et tristement émue, suffirait à
vous persuader. Si je m'étais abusé!... Si une condamnation devait le frapper : compromettre, détruire peut-
être en un instant son avenir d'écrivain! avenir qui se
déployait hier si coloré , si beau ! paré des prestiges
du talent et des sourires de la gloire!.... Ah! combien
je me reprocherais ma téméraire confiance! combien je
me reprocherais d'avoir trop cédé à une première im-
pression, d'avoir trop écouté les ardentes inspirations
du cœur!

« Mais ici les questions personnelles disparaissent, il s'agit d'un principe : il s'agit de la liberté de la presse, il s'agit d'un droit inviolable que la loi a placé sous la garantie de votre indépendance.

« Les préoccupations de parti n'entreront point ici : vous avez laissé toutes les passions sur le seuil de cette enceinte.

« La décision que vous allez rendre ne sera pas une décision de parti, mais une décision de conscience et de justice. »

M. l'avocat général, dans une courte réplique, félicite le défenseur de la modération et de la dignité de son langage. Il lui accorde le droit de discuter toute espèce de théories, et déclare adopter tous les principes développés par la défense. Mais il prétend que dans l'article incriminé, non seulement la royauté est attaquée théoriquement, mais que le roi est personnellement insulté. — Il persiste dans ses conclusions.

M. l'avocat général mérite du jeune défenseur, par son ton plein de convenance, le même éloge qu'il vient de lui adresser. — Me Périer ajoute qu'il prend acte de la concession faite par le ministère public, et pour des injures, qui n'étaient pas plus dans la pensée de l'écrivain qu'elles ne se reproduisent dans l'article, il déclare s'en référer en toute sécurité au verdict du jury.

M. le président résume les débats avec une honorable impartialité.

Le jury entre à midi trois quarts dans la salle des délibérations, et rentre en séance dix minutes après.

Le président du jury, M. Veyra, déclare M. Dufaitelle non coupable sur toutes les questions; son acquittement est prononcé.

D'après la demande de Me Michel-Ange Périer, la cour délibère immédiatement sur le défaut de M. Anselme Petetin. — M. Anselme Petetin est acquitté. — Des applaudissemens éclatent dans l'auditoire.

La cour était composée de M. Luquet, président; de MM. Devienne et Sauzey, juges conseillers.

Défense de M. Eugène Dufaitelle.

(Nous n'avons pu prononcer le discours qu'on va lire. Nous échappions à peine au paroxisme d'une maladie mortelle, et notre voix fut impuissante à lutter contre une fatigue de cette nature.

Nous avions essayé d'introduire une nouvelle manière de défense, qui s'occupe moins des affaires de légalité que des affaires de principe, moins du salut de l'écrivain que du salut de l'opinion. Nous pensons que la sellette des accusés est une tribune pour les doctrines persécutées ; qu'elles se produisent là librement et avec courage , qu'elles prêchent, qu'elles se fassent aimer. — Tout est là : le reste est bien peu.)

Messieurs,

« Je suis accusé d'être républicain , d'avoir dit que j'étais républicain , d'avoir essayé d'amener des néophytes à la foi républicaine. — Je remercie l'accusation d'avoir bien voulu découvrir en moi ces symptômes de raison ; je la remercie d'avoir , en me produisant devant vous , officiellement reconnu que je me permettais d'avoir une opinion ; que j'avais assez de courage et de loyauté pour l'écrire sur mon front, et me parer de cette glorieuse enseigne ; je lui rends graces enfin d'avoir remarqué au passage cet instinct propagateur que Dieu même a mis au cœur de l'homme , et qui assied sur sa large base toute association ; ce noble et invincible besoin que nous éprouvons de répandre nos convictions, et de les arracher à la solitude de notre ame, pour les faire vivre dans une société d'intelligences amies.

« Oui, Messieurs : je ne le dissimule pas, je suis républicain, et, par ce fait, irréconciliable ennemi de la royauté française, comme de toute royauté qui s'imposerait à une nation éclairée, majeure, en âge de traiter ses affaires, sans intervention de tutelle aucune. Comme, par sentiment et par état, je m'occupe de la chose publique, je dis aussi, sans plus de façon et sans y prendre garde, que la royauté me semble compromettre la chose publique, et, qui plus est, quand je rencontre un imprimeur complaisant, je l'imprime. Je puis raisonner mal, n'y pas voir clair ; mais est-ce un délit d'être myope ou logicien de bas étage ? N'ai-je pas le droit d'avoir tort ?

« Messieurs, pour résoudre la question de la liberté de la parole, quel que soit son mode d'émission, il faut fouiller dans les racines et dans les destinées du monde moderne.

« L'illustre et vénérable fondateur du monde moderne, c'est Christ. Quel est le nom sacramentel de Christ, Messieurs ? C'est *Verbe*. *Verbe*, c'est la *parole*. *Verbe*, *parole*, dans ce nom seul il y avait tout un avenir, avenir que nous avons ébauché, mais qui n'est pas encore entré dans son développement complet et définitif.

« Ainsi, une nouvelle ère s'est emparée de la terre à l'heure que Christ est né, pauvre et obscur, dans son étable, ne voulant conquérir les nations que par son omnipotence morale. Le monde ancien finissait : le nouveau était inauguré. La société antique était presque renfermée dans le jeu des forces externes de l'humanité ; l'histoire gréco-romaine était l'apanage du corps ; l'histoire des races germaniques était due plus spécialement à l'intelligence. Aussi date-t-elle de la naissance du Verbe, c'est-à-dire de la parole incarnée.

« La foi, qui fit voile d'un port de Syrie, pour aborder successivement à tous les rivages, n'embarqua ni guillotine ni prison. Elle eut à faire à deux ennemis de nature opposée, dont l'un avait la vivacité fébrile et nerveuse d'une vieillesse qui fait la jeune, et dont l'autre avait un poignet de fer; mais elle brisa les syllogismes des sophistes, comme la framée des barbares. La parole fut installée reine, et sous la tiare papale elle commanda à l'univers. Comment la parole chrétienne, une fois toute-puissante, oublia les catacombes, le chevalet, la poix ardente, pour imposer à des adversaires, qu'elle avait engendrés, des persécutions qu'elle avait subies dans sa jeunesse, ce n'est pas le lieu d'examiner ni d'excuser en partie ces inconséquences de la cour de Rome si calomniée par les ignorantes frivolités de l'école voltairienne. Toujours est-il que le 16me et le 17me siècles furent de laborieuses et d'énergiques protestations dans l'ordre religieux et dans l'ordre philosophique contre l'odieux vasselage de la pensée. Ce fut bien autre chose quand, avec ses génies moins austères, mais plus bruyans, le 18me siècle éclata. La pensée s'émancipa dans ses intérêts les plus matériels et les plus palpables, dans ses intérêts politiques. L'encyclopédie était imprimée avec privilége, le gouvernement était renversé avec la permission du gouvernement, et cela était juste et bon, car le gouvernement était détestable, et le seul service qu'il pût rendre, c'était de prêter les mains à sa chûte.

« Et maintenant que nous avons fait quelques nouvelles étapes dans les grandes voies de la civilisation; et maintenant que nous avons achevé et tout-à-fait dégagé le dogme de la liberté de la parole, c'est-à-dire de la raison, c'est-à-dire de l'ame pure et divine : vous venez nous dérober l'héritage de Christ , que nos pères ont recouvré dans trois périodes de douleur! Quand dix-huit siècles d'enfantement ont mis bas une civilisation pacifique et intellectuelle , vous rétrogradez d'une seule enjambée jusqu'aux brutalités du matérialisme antique , et vous vous écriez , au milieu des stupéfactions d'une société qui ne s'incline que devant la persuasion : Mon droit , c'est la force ! Mon syllogisme , c'est la saisie !

« Il ne se peut pas cependant que le public n'explique, à sa manière, ce grossier anachronisme. Comme nos adversaires vivent dans les mêmes milieux que nous, se meuvent dans la même atmosphère , se nourrissent des mêmes idées , certaines personnes peuvent en induire qu'ils ont apparemment d'excellentes raisons pour employer leur redoutable logique, comme , par exemple, celle d'être assez mal avec la nation comme avec le bon sens. Et en effet : ou nous avons tort, et vous pouvez nous combattre dans le champ clos du raisonnement, ou nous avons raison, et une réponse rationnelle me paraît alors à peu près difficile. Cependant, Messieurs, à parler sérieusement, votre bon sens comprendra que la loi du talion réclame ici sa place; que la parole est faite pour répondre à la parole, comme l'action à l'action. Si je descends dans la rue, le fusil chargé , je conçois la réplique de votre fusil. Mais si je ne vous attaque qu'avec la plume, je ne conçois pas d'autre réplique légitime que celle de la plume. Si vous avez recours à un autre genre de discussion, cela me prouvera, ce que je sais déja et que mes amis savent mieux, que vous êtes de grands logiciens, parce que vous êtes les plus forts; mais, en même tems, cela donnera peut-être à penser à ceux qui m'écoutent, que vous avez la modestie de vous avouer implicitement vaincus dans le débat.

« Le pouvoir , pour vivre , a besoin de conserver

sa force morale, la seule force réelle et durable. Cette force morale existe quand on a foi à lui, pouvoir, — à son principe, à son système, et qu'on est dans un état d'incrédulité raisonnée vis-à-vis les autres principes et les autres systèmes. Cette force morale se lève et brille dans le libre examen ; elle se perd dans la persécution.

« Mais quoique cette puissance entraîne avec elle l'existence matérielle des gouvernemens , il est un fait dans leur existence matérielle plus palpable et plus immédiat , dont ils apprécieront mieux sans doute la portée.

« Dans toute société, et par quelque voie que ce soit, les idées et les sentimens qui animent les esprits parviennent un jour à se faire connaître. Dans l'empire romain, une mort violente, et demandée par des milliers de voix, venait apprendre au chef de l'état que son gouvernement était impopulaire. Stamboul, aujourd'hui, copie Rome. Notre désapprobation est un peu moins brutale. Nous n'en voulons pas à la tête. Mais enfin chez nous aussi la haine contre le pouvoir a revêtu des formes menaçantes , et notre *forum* a retenti des hurlemens de ces terribles orateurs qui portaient d'autres armes que la parole. Pourquoi ces meurtres à Rome et à Constantinople? pourquoi ces émeutes à Paris? — Parce que la parole n'était pas libre; parce qu'il faut une expression quelconque à l'opposition du pays , régulière si on la laisse obéir à ses sympathies , choisir sous l'inspiration de ses préférences , — désordonnée, si on ne lui laisse d'autre issue que le désordre ; parce que, quand un gouvernement, pour étouffer la pensée, s'adresse à la force brutale et redevient barbare , il accorde par cela même aux gouvernés le droit de s'adresser aussi à la force brutale et de redevenir barbare.

« Je le dis, Messieurs, et je fais assez d'honneur aux

hommes ici rassemblés , pour espérer n'être contredit par personne : c'est une énormité, c'est un crime d'abuser si insolemment d'une victoire éphémère , pour fouler aux pieds la pensée , la pensée sans laquelle nous ne serions pas, la pensée qui est Dieu, — pour garrotter l'intelligence, et nous ramener au code des sauvages. Les fous furieux , qui se précipitent dans un pareil forfait, ne doivent-ils pas s'estimer heureux que nous nous soyons assez employés à répandre les idées d'ordre , d'humanité , d'amour universel, pour qu'ils n'aient rien à craindre de la colère du peuple au jour de son triomphe , et pour qu'ils puissent être protégés par cette civilisation qu'ils ont outrageusement méconnue ?

« Je dois être juste, Messieurs, et les lois de l'équité , aussi bien que les besoins de la défense, ne me permettent pas de dissimuler les paroles et les actes dans lesquels les hommes du pouvoir ont respecté les droits de la pensée humaine.

« C'est une distinction que je me plais à reconnaître, parce qu'elle établit une supériorité morale là où réside déja une supériorité intellectuelle : des deux partis philippistes, l'un nageant dans le vide de ses antipathies, l'autre se débattant dans le chaos de ses combinaisons ; celui-là grossier et ignorant, puisqu'il a blanchi dans les affaires sans leur demander ce qu'elles étaient , et si elles n'étaient pas susceptibles d'amélioration ; celui-ci plus civilisé, plus humain , parce qu'il a vécu dans l'atmosphère bienfaisante des méditations littéraires ; les doctrinaires étaient appelés à se révolter avec moins d'opiniâtreté contre la légitimité de la discussion , contre la toute-puissance de la presse.

« Nous savons gré au *Journal des Débats*, qui s'est efforcé d'ailleurs de corrompre la morale publique par ses impudens sophismes, d'avoir, une ou deux fois, pris en main la cause des publicistes persécutés

« M. Villemain nous rappelait avec éloge et complaisance, dans ses leçons sur la tribune anglaise, qu'en Angleterre, dans l'intervalle des sessions, la république était proclamée et soutenue impunément. Puisque le ministère passe si souvent le détroit pour raviver son système d'emprunt à l'air natal, je ferai avec lui le voyage, pour vous rappeler encore, Messieurs, la rareté des procès politiques chez nos voisins d'outre-mer, et le chef du parquet britannique s'excusant, en plein parlement, de ne pas mettre en cause les théories des publicistes radicaux.

« Le roi vient de rétablir la classe des sciences morales et politiques, sous le titre d'académie. Ce rétablissement lui avait été proposé par M. Guizot, dans un rapport fort remarquable. Les bases de la morale et de la politique ; toutes les législations civiles et religieuses relèvent de l'examen libre des trente membres qui composent cette académie.

« Le principe qui a engagé M. Guizot à proposer, et le roi à ordonner le retour d'une pareille institution, c'est le principe de la discussion indépendante. Les *erreurs spéculatives* n'ont pas besoin de répression ; et le pacte fondamental d'un pays bien gouverné *peut les braver*. Si les institutions sont bonnes et répandent le *bonheur* autour d'elles, *la pensée, dans ses témérités les plus hasardeuses, ne saurait prévaloir contre leur vérité pratique*. Un gouvernement, créé par le peuple et fonctionnant pour le peuple, *s'appuie sur la raison publique*, et ne *redoute* pas les *égaremens* de la raison individuelle. *C'est le privilége des gouvernemens libres de résister aux épreuves dont s'effraie le pouvoir absolu*. Il n'y a qu'un pouvoir, usurpateur *des droits de l'humanité*, qui ait à *redouter la raison* : la raison, lors même qu'elle ne l'attaque pas, lui est funeste ; car elle est raison, elle est dans le vrai, et lui est dans le faux. Les conséquences du principe le plus pacifique et le plus désarmé, deviennent hostiles et s'arment contre lui.

Messieurs, dans un pays qui cultive d'une manière spéciale les sciences morales et politiques, aucune doctrine ne saurait être poursuivie légalement. Car une doctrine quelconque, par son apparition, consacre un principe auquel le souverain lui-même a donné une plus solennelle consécration en lui élevant une académie. Cette académie, Messieurs, me semble une invitation faite à chaque intelligence d'examiner et de discuter et la source du gouvernement, et les faits qui jaillissent et coulent de cette source.

« Mais, dira-t-on, si le rapport Guizot demande l'impunité pour *les témérités les plus hasardeuses de la pensée*, pour la proclamation de l'excellence du principe républicain, par exemple, la circulaire Barthe déclare qu'il *n'est pas licite de dire que la république convienne à la France mieux que la royauté.*

« Messieurs, un ministre, tant soit peu moins élevé en raison et en science que son collègue, a octroyé à la presse, dans sa circulaire, la critique des doctrines et des actes de gouvernement, mais il lui a interdit la mise en question du gouvernement dans son principe et dans son essence. Il me semble que par cette interdiction, M. Barthe a compromis les intérêts de la logique et ceux de M. Barthe, qu'il a, contre toute marche rationnelle, débarrassé le principe du gouvernement d'inimitiés qui assailliront et engageront davantage sa responsabilité ministérielle.

Est-il possible d'exercer le droit de contrôle avec l'impartialité d'une justice distributive sur les actes de l'administration, si on ne peut remonter au principe du gouvernement, dont plusieurs de ces actes sont des effets simples et nécessaires ? N'est-il pas certain qu'un gouvernement quelconque, république comme monar-

chie, par les inspirations de son principe originaire, par
les besoins de conservation, projette son ombre sur les
actes ministériels ? — En politique comme en philosophie, c'est le signalement d'un esprit peu étendu et peu
façonné aux pratiques du raisonnement, de ne pas s'é-
lancer des effets aux causes, et de ne pas demander
raison à celles-ci de ceux-là. C'est ainsi qu'on risque de
témoigner aux effets une partialité et une haine qu'ils
ne méritent pas.

« Messieurs, le ministère est forcé à bien des actes,
parce qu'il est le ministère d'un roi, et cela alors même
que le roi ne paraît pas dans le conseil. Il serait donc
injuste d'attaquer le ministère pour un acte qu'il faut
rejeter sur une nécessité de position, et dont le principe du gouvernement seul est coupable. Une autre polémique ne peut être que celle de niais et de tartufes
qui abondent dans l'opposition comme ailleurs, et qui,
là plus qu'ailleurs, sont méprisables et ridicules : car
quelle plus grande inhabileté que l'hypocrisie dans notre
siècle clairvoyant ?

« C'est à la Charte du 7 août à concilier ces divergen-
ces ministérielles. La Charte du 7 août, sous la royauté
qu'elle a fondée, est l'autorité qui domine de droit toute
autre autorité.

« Dans la Charte de St-Ouen, l'article qui constituait
la liberté de la presse renfermait en germe, dans son
sein, la mort de cette liberté. C'était le caractère, souvent reproduit, de cette Charte d'énoncer d'abord les
concessions faites à l'esprit nouveau, et de les annihiler
par des restrictions, dernier refuge de l'esprit féodal.

« Aussi, les législateurs du 7 août s'efforcèrent à ce
que cette liberté, existant dans les mots, pût aussi
s'emparer des faits : ils brisèrent à tout jamais les chaînes de la censure.

« Mais de ce qu'ils avaient jonché le sol de ses débris, ce n'était pas pour qu'on ramassât ces anneaux rompus, et qu'on garrottât, par des liens d'une autre nature, la liberté qu'ils avaient déchaînée. — S'ils avaient tué la censure préalable, ce n'était pas pour engendrer une censure répressive. A quoi eût servi de briser un obstacle moindre, pour en créer un plus redoutable ?

« La Charte est pour M. Guizot et pour nous.

« La Charte ne pouvait statuer autrement. Née de la presse, elle devait reconnaître la souveraineté de sa mère.

« La presse est tout, Messieurs, car la presse, c'est la pensée. La presse accuse les actes mauvais du pouvoir, et lui dicte bien long-temps d'avance les améliorations qu'il se décide enfin à réaliser. La presse, Messieurs, c'est le vrai gouvernement.

« Qu'une idée avancée arrive au pouvoir, elle est obligée de se replier sur elle-même, d'arrêter sa marche intellectuelle pour exécuter. La presse, elle, va toujours, et elle précède, par la pensée, le pouvoir de fait dans des institutions que ses actes n'atteindront que demain.

« Attaquer la presse, le pouvoir le plus saint et le plus vrai, c'est la révolte d'un esprit turbulent, brutal, coupable.

« Messieurs, j'ai parlé jusqu'ici dans une hypothèse, dans l'hypothèse que j'avais tort. Je vais essayer de prouver que j'avais raison.

« A parcourir l'histoire, on voit l'humanité traverser différentes constitutions, adopter et quitter différens modes d'êtres, présenter différentes phases, parcourir des transformations nombreuses. Parmi les esprits éclairés appelés à me juger, en est-il un seul, en le supposant (et je vous demande pardon de cette supposition toute gratuite), quelque peu hostile aux idées religieuses, même athée, en est-il un seul qui ne reconnaisse que la théocratie exclusive de l'Inde, et la théocratie mêlée de la Judée et de l'Egypte, n'aient contenté les besoins des temps et des lieux , n'aient aidé aux proportions gigantesques de la civilisation orientale ? Eh bien ! dans l'Inde , dans la Judée , en Egypte , le pontificat a été sensiblement modifié; il avait donné ce qu'il pouvait donner, il cédait la première place.

« Je prends un exemple plus rapproché de nous.

« Quelques-uns de vous, Messieurs (excusez encore la familiarité de ces allocutions directes que j'affectionne), quelques-uns de vous ont peut-être assisté à l'agonie de la féodalité. Quelle féodalité , bon Dieu ! Une féodalité en épée de soie , en bottes de soie, en cuirasse de soie ; puis, pour payer toute cette soie, la corvée et la dîme s'élançant d'un bal ou d'un souper fin ; le ridicule et l'horrible se regardant face à face ; la justice prévôtale après la maison du faubourg ! Vous étiez jeunes, alors , Messieurs : que pensiez-vous de la féodalité ? de ces féroces débauchés que pensiez-vous ? Cependant la féodalité n'avait pas toujours été oisive ni ridicule. Elle avait eu ses journées, et de glorieuses journées, en Palestine , en Italie , en Espagne , en Allemagne , en France. Elle n'avait guère été parée que des vertus militaires : mais enfin elle les avait professées toutes , courage, adresse, intelligence, activité : et comme dans la vie du moyen-âge les armes jouaient un rôle important et de tous les jours, elle avait été utile et respectée. Son temps s'acheva ; la société chercha d'autres mains; le progrès s'ouvrit d'autres voies , s'aida d'un sol moins âpre. La féodalité devint immorale , parce qu'elle était vieille et qu'on n'en avait besoin.

« Il me semble qu'il s'est passé quelque chose d'assez analogue pour la royauté. Je ne suis pas de ceux qui prétendent, avec un aplomb dogmatique , que la royauté est détestable, sur quelque société qu'elle se superpose; que les rois sont nécessairement des monstres, des vampires, et constituent une des plus effrayantes familles de la Zoologie. Cette opinion même, à vrai dire, me paraît témoigner d'un esprit étroit et superficiel. Il est certainement des époques où je me serais fait un devoir et un honneur d'être ardent royaliste, parce que la royauté représentait la société, et que s'insurger contre la société est l'œuvre d'un séditieux égoïste et d'un malhonnête homme. Mais tout de même que j'aurais soutenu la royauté alors qu'elle était jeune, nécessaire, brillante expression des besoins nationaux, qu'elle marchait à l'avant-garde des idées contemporaines, tout de même je l'attaque aujourd'hui parce qu'elle est vieille, c'est-à-dire mauvaise. Maintenant qu'une manière nouvelle de sentir et de penser demande à modifier, demande à transformer la forme du gouvernement et le fond de la société, qu'une somme, relativement immense, d'instruction et de moralité a pénétré les masses et leur a acquis des droits plus étendus, nous ne pouvons nous passionner pour une institution devenue inutile et nuisible.

Quel est l'élément capital de la seule république possible en France, de la république démocratique? L'esprit d'égalité. Or, quelle époque plus que la nôtre s'est montrée impatiente de toute aristocratie, a mis en dehors un esprit d'égalité plus éclatant? Considérez les formes du langage, les habitudes du corps, la coupe des vêtemens: de différence, aucune. Qui aujourd'hui, je vous prie, a le monopole de l'éducation, des belles manières, des délicatesses de la parole? Nous luttons dans les colléges avec toutes les chances de la guerre contre les fils de roi: depuis le collége jusqu'à la guillotine, depuis la consignation pour dette jusqu'à l'incarcération pour excitation à la guerre civile, la même fortune nous reçoit, nous enveloppe, nous protége et nous punit. La hiérarchie qui se montre à la surface et dans les mots ne vivifie plus le cœur des choses. Autrefois il y avait une royauté, une noblesse : il y avait des distinctions sociales brodées sur les coutures de chaque habit. Les *sujets* étaient animés du sentiment de leur infériorité, et leur *fidèle dévoûment obéissait* à un roi qui était le délégué de Dieu. — Messieurs de la Cour, Messieurs les Jurés, vous vous croyez assurément royalistes : mais qui de vous au fond de son ame pense valoir moins que son roi ? Et ici je n'aiguise pas une épigramme de mauvais ton comme elle serait de mauvais goût ; je veux seulement constater que les hommes mêmes qui ont une opinion monarchique, n'ont plus le sentiment monarchique, et qu'ils sont débordés jusque dans leur intelligence par une pensée toute républicaine.

Ce que je dis des royalistes avoués qui dans les détails de leur vie sont sous le joug des inspirations républicaines sans en étudier la nature et la portée, rayonnera de tout l'éclat de l'évidence, si on veut bien se rappeler la conduite d'une chambre monarchiste dans la décision d'une haute question constitutionnelle. La chambre de 1831 était bien réellement frappée de *monomanie*, quand après les discours, remarquables pour la plupart, de MM. Thiers, Royer-Collard, Guizot, Berryer, Kératry et Jars, après l'amendemeut déséspéré de MM. Enouf et Jay, elle rejeta, le 10 octobre, l'hérédité de la pairie à la majorite de 324 voix contre 86. Et cependant, Messieurs, quelle chambre plus royaliste, plus ministérielle, plus attentive au signe du maître, plus résignée quand il demandait le sacrifice d'une prédilection méritée ? Le 1er Août elle s'était imposé M. Girod (de l'Ain) : le 22 Septembre elle avait adopté l'ordre du jour motivé de M. Ganneron, et s'était *confiée à la sollicitu-*

de du ministère du soin de veiller à la dignité et aux intérêts de la France. Le 26 Novembre, le 14 janvier, le 9 avril , elle devait voter à une honteuse majorité une adresse servile sur la révolution de Lyon , une liste civile trop grasse pour Gargantua , une loi inhospitalière contre de nobles proscrits. Cette chambre , si long-temps *sage,* fut *monomane* un jour : si patiemment *consultative,* elle s'avisa d'être *délibérante,* et cela au mépris de la volonté , de l'éloquence ministérielles, et aussi , il faut bien le dire, au mépris de la logique , d'une conduite réligieusement uniforme, des antécédens les plus fortement dessinés. Je comprends (et c'est mon opinion) qu'on rejette l'hérédité de la pairie , et même la pairie : je comprends (et c'est mon opinion) qu'on rejette la royauté. Ceci n'implique pas contradiction , et de ce rejet-ci découle celui-là. Mais nommer une royauté, la flanquer de châtaux, l'écraser d'or , lui apporter de complaisantes paraphrases , des respects ampoulés, de monarchiques bons mots et de plus spirituels millions : s'enrouer de *vivat* pour elle quand on lui a donné la distraction d'un coup de pistolet sans balle : — et démolir la pairie, élevée pour empêcher le torrent populaire de balayer cette royauté bien aimée, bien logée, bien payée: bien paraphrasée : ceci n'accuse pas une raison rassise, et ne semble pas pouvoir être consenti par la même intelligence. — Messieurs, cette étrange inconséquence a encore été une inspiration républicaine, un hommage à l'esprit envahissant de l'égalité. Beaucoup de gens, fort honnêtes d'ailleurs, travaillent de la meilleure foi du monde à amener un régime que leur éloquence hebdomadaire décide impossible : ils se constituent des instrumens dociles aux mains d'une idée qu'ils méconnaissent. Cet aveuglement, messieurs, nous le rencontrons à chaque pas dans l'histoire des nations : partout nous trouvons de ces ouvriers ignorans qui poursuivent dans les ténèbres de leur ame et avec la naïveté de l'instinct, un œuvre dont ils n'ont pas le secret. C'est qu'au dessus de ces ignorances et de ces ténèbres ; plane le suprême savoir et la suprême lumière : c'est que Dieu dirige et conduit ces volontés qui s'ignorent, à travers les marches prévues, les révolutions prédestinées, à travers les fatalités de son action providentielle.

« Messieurs, quel est le système, quel est le gouvernement d'un siècle ? — Est-ce le gouvernement qui gouverne ou celui qui n'est encore que sur le papier ? — Est-ce un système qui loge dans un hôtel de ministre et que peut-être même le siècle a adopté à l'étourdie sans lui demander d'où il venait et où il allait ? — Le système d'un siècle, Messieurs, que le siècle en jouisse ou qu'il en subisse un autre, est celui qui résume toutes les idées de ce siècle. Le gouvernement d'un siècle, qu'il gouverne ou qu'il en soit encore à protester, est celui qui réalise ce système, s'il est trouvé, ou qui le devine, qui l'invente, comme il fit en 93, quand la théorie est en arrière. — Croyez-vous, par exemple, qu'avec les miracles sublimes de sa philosophie, avec son instruction si populaire et si consciencieuse, avec ses vertus de la vie privée graves et touchantes, le gouvernement de l'Allemagne soit le gouvernement féodal, même retouché, badigeonné, replâtré, modernisé, *Napoléonisé* par Napoléon ? Le gouvernement de l'Allemagne, Messieurs, est si loin d'être le gouvernement féodal, qu'après l'avoir secoué (et cela ne tardera pas, à considérer son bon vouloir) elle ne sera pas forcée de déchirer ses pieds à travers les gouvernemens provisoires où nous avons perdu tant de sueurs et de bonnes journées. Après sa fuite d'Egypte, elle sautera de plein pied sur la terre promise, sans passer par le désert.

« Messieurs, le gouvernement monarchique n'est pas plus le gouvernement de la France que le gouvernement féodal n'est le gouvernement de l'Allemagne. Dans ces deux nobles pays l'esprit humain a marché de façon à avoir depuis long-temps épuisé les qualités de ces gouvernemens préparatoires. Je vous ai parlé tout-à-l'heure de l'esprit d'égalité : il faut aussi mettre en ligne de compte cette dignité personnelle qui se développe tous les jours et apparaît plus ombrageuse, cette vénération pour l'hôte immortel qui habite en nous et qui n'honore que les supériorités intellectuelles et morales, ne s'incline que devant les auréoles de la vertu et du génie.

« Ainsi ce n'est pas le roi que nous repoussons ; nous ne faisons pas une sotte et violente guerre de prétendant. Nous repoussons la royauté. Notre antipathie, impersonnelle, philosophique, inspirée par les élémens d'une société nouvelle, ne s'acharne pas à des cadavres, ou à des corps qui seront bientôt cadavres. Il est bien plus rationnel, et d'une importance tout autrement sérieuse de s'attaquer à une institution que de ne viser qu'un homme. Les hommes tombent et revivent dans d'autres hommes : une institution, morte une fois, ne se relève pas.

« Cependant un fait ne peut se dérober au regard le plus austère, le plus philosophique, le plus impartial : c'est que les institutions vieillies sont, de coutume, représentées par des hommes peu élevés et peu moraux, comme elles-mêmes sont immorales. Cela entre encore dans la providence de Dieu : Dieu envoie les ames nobles et généreuses pour soutenir les choses nouvelles : les anciennes, il les abandonne à des ames qui ne sont bonnes que là.

« Je ne parle pas du présent, Messieurs, mais la branche des Bourbons ne semble-t-elle pas montrer cette vérité à chaque rameau qui s'en élance? La faiblesse de Louis xiii, si mélancolique, si chaste, si poétique, si intéressante pour les cœurs priviligiés, mais aussi bien méprisable pour la foule; la fatuité cruelle et bigotte de Louis xiv; la débauche crapuleuse et *ante-diluvienne* (1) de Louis xv; la trahison de Louis xvi, témoignaient assez haut que la royauté s'en allait puisque Dieu la livrait à ces imbécilles et à ces brigands. L'hypocrisie sanguinaire de Louis xviii nous apprit que la volonté de Dieu n'était pas changée; Charles x avec son ignoble cortége fut une preuve surabondante de la céleste persévérance.

C'est sous la figure des hommes qu'une institution apparaît au peuple. Les idées générales, les abstractions n'arrivent pas jusqu'à son intelligence: quand il voit un système professé par une société de malhonnêtes gens, il s'en dégoûte. Ainsi il a fait à la royauté. Depuis quelques années surtout sa haine était devenue irrémissible, éternelle. Il y a tant de boue et tant de sang sur cette famille qui mendie à travers l'Europe! Le peuple maudissait le fétichisme dans Charles x, l'idiòtisme dans M. d'Angoulême, la vengeance hideuse et insatiable de crimes dans Mme d'Angoulême, et ailleurs la débauche la plus vulgaire et la plus effrontée. — La royauté a recueilli ce qu'elle semait: une moisson de mépris.

Cette royauté, Messieurs, dont le principé n'est plus dans nos mœurs et dont les représentans sont si impopulaires : cette royauté doublement mauvaise, comment est-elle du moins considérée par les fidèles et dévoués serviteurs? hélas les purs, les lévites n'adorent plus que de la bouche: leur foi intime passe au veau d'or. L'un d'eux qui naguère proposait le

----

(1) *Après moi le déluge* : Dict. de Louis xv.

despotique gouvernement de Ferdinand vii à l'admiration et à l'imitation de la France, et qui ne considérait notre brillante et vertueuse révolution que comme une histoire de crimes opérés par une génération de brigands, se proclame *républicain par principe*, et pronostique pour chaque état de l'Europe un avenir de *démocratie réprésentative*. — Un autre, Messieurs, d'un génie plus vrai, et assurément d'un plus noble caractère, change tout-à-coup de point de vue historique, et bénit les *révolutions* sur lesquelles il avait dit anathême. Enfin dans une *épître* splendide quoique *familière*, il s'écrie :

> Pour le genre humain que le sceptre abandonne
> Le salut est dans tous et n'est plus dans personne.

Châteaubriant et Lamartine ! quels noms, Messieurs ! et surtout quels aveux !

Messieurs, puisque la république est dans nos mœurs, qu'elle est désirée par le peuple, annoncée par la haute raison des serviteurs dévoués de l'ancienne royauté, le seul obstacle qu'elle pût rencontrer à s'emparer du pays serait la crainte d'un bouleversement. La revolution pourtant ne serait ni violente, ni trop sensible pour les intérêts actuels.

Nous vivons sous le régime constitutionnel. Demandons aux publicistes anglais, plus versés que nous dans les expériences du régime constitutionnel, quelles doivent être les fonctions dévolues au roi ? Une seule, Messieurs : le choix des ministres de la nation. Allons plus loin. Le roi peut-il choisir les ministres hors des chambres ? Non pas : ce serait inconstitutionnel. C'est dans le parlement que la faveur royale va chercher les hommes d'état qui lui sont désignés par la naissance ou par l'éléction. Le roi peut-il choisir ses ministres sur tous les bancs de la haute chambre ou des communes ; sur les bancs de la minorité, par exemple ? Peut-il

appeler à volonté, le parti patriote ou la coterie aristocratique, wigs, radicaux ou torys? Non pas, ce serait encore inconstitutionnel. Le roi ne peut choisir que des
membres de la majorité. — Je sais bien que dans la
longue vie parlementaire de la Grande Bretagne, il ne
serait pas mal aisé de déterrer des accidens qui dé-
viassent de la sévère rectitude de cette ligne constitutionnelle. Au moins ne contestera-t-on pas que les choses doivent se passer ainsi, et se passent ainsi assez or-
dinairement. — Ainsi, Messieurs, dans le système
anglais, le roi n'est roi que pour choisir les ministres
dans la majorité parlementaire. Si la chambre soulageait
le roi de cet embarras, il n'y aurait plus de roi.

C'est ce que j'ai demandé pour la France. Le système
anglais est celui que nous avons adopté. Ainsi, je pou-
vais penser que sans trop de secousse, sans trop de
dommage pour la chose publique, la France pouvait
se passer d'un de ses fonctionnaires. En Angleterre, le
roi a été quelquefois utile à établir l'équilibre entre
deux chambres également puissantes. En France, il n'en
peut être ainsi: la charte du 7 Août ne reconnaît qu'une
souveraineté, celle du peuple ; comme le peuple est
sensé representé par la chambre des députés, la chambre des pairs peut paraître une superfétation. Si la
chambre des pairs représente l'aristocratie, elle n'est
rien car elle représente ce qui n'existe pas. Considérez ensuite que cette pauvre chambre a été tellement abreuvée d'humiliations depuis plus de deux ans,
qu'elle inspire de la pitié de préférence à tout autre
sentiment. — Ainsi des trois pouvoirs le seul qui pût
prétendre à une existence rationnelle, c'est la chambre des députés. Aujourd'hui ? La chambre a-t-elle
une pareille prépondérance ? La royauté s'arrange-t-
elle de la nullité tout anglaise de son auguste position ?

« Je ne m'aventurerai pas dans pareille discussion.

Pour que les trois pouvoirs fussent réellement pouvoirs, il faudrait absolument qu'ils fussent égaux entr'eux : sans quoi si un pouvoir était plus faible que les deux autres, il n'y aurait de fait, que deux pouvoirs : si un pouvoir était plus fort que les deux autres, il n'y aurait qu'un pouvoir. Donc, pour que le gouvernement des trois pouvoirs ne soit pas une fiction, ils doivent être égaux. Calculez les interminables lenteurs dans le vote des projets de lois ; les rivalités des chambres entr'elles et entre la royauté ; toujours trois personnes pour une seule chose, embarras et guerre dans la législation et dans l'administration, l'activité des corps de l'état moins occupée aux affairs du pays qu'à maintenir un équilibre qui inclinerait chaque jour de quelque côté.

Messieurs, il ne faut pas avoir grande expérience de la vie humaine, pour s'apercevoir que l'unité est la condition nécessaire de toute entreprise, de tout acte combiné, et aussi d'une société durable. Là où il y a deux forces rivales, deux pouvoirs, il y a nécessairement de l'anarchie ; et si le chiffre hausse, l'anarchie croît d'autant. Les deux seuls gouvernemens qui auraient chance de durée, seraient la monarchie absolue et la république une et indivisible, parco que aux mains d'une seule chambre démocratique ou d'un roi héréditaire, l'action gouvernementale est une, et par conséquent prompte et obéie. Quand un peuple met le pied sur un de ces échelons extrêmes de sa vie politique, il y a pour lui repos, sécurité, confiance, profit. Les intelligences fécondes ne se stérilisent plus dans un duel acharné ; les défiances ne veillent pas au seuil de chaque décision ; on s'occupe davantage et plus obstinément des gouvernés, parce que les moyens de gouvernement sont plus faciles, les rouages politiques plus simples.

Ainsi, messieurs, j'ai dû dire dans l'article incriminé qu'il y avait un principe d'anarchie dans le gouvernement anglo-français, et il a dû rigoureusement en découler cette conséquence que ceux qui étaient pour ce gouvernement étaient pour l'anarchie, puisque l'anarchie était au cœur du gouvernement : ce n'était pas moi qui concluais, messieurs, c'était le sens commun.

Regardons de près, messieurs, les habitudes d'esprit des doctrinaires, ces hommes si éminens entre toutes les diverses factions qui se rallient plus ou moins sincèrement à la dynastie actuelle, et peut-être reconnaîtronsnous que ces habitudes sont merveilleusement propres à répandre avec fracas dans les masses l'anarchie qu'ils organisent sourdement au pouvoir.

Toute l'activité intellectuelle des doctrinaires se consume dans la combinaison ingénieuse de différens élémens historiques. Constater les élémens, les mêler à doses égales sans prendre garde si la société contemporaine ne se lasse pas de celui-ci, et n'aime pas exclusivement celui-là, et même faire la plus large part à l'élément dont on se lasse, c'est un travail de politique pure où on peut dépenser beaucoup d'esprit et d'habileté au grand dommage de la nation. Mais quand même ce travail ne serait pas mauvais, quand même il serait fécond en heureux résultats, vous le savez mieux que moi, messieurs, mieux que moi vous connaissez les exigences et les nécessités des gouvernemens actuels : le monde politique ne se suffit plus à luimême, il doit encore renfermer un nouveau système financier et une direction industrielle. La somme de droits accordés aux prolétaires n'est pas bien considérable; mais si elle était plus importante, si elle était complète comme le bon sens et la justice l'exigent impérieusement, je doute fort que leur sort fût plus heureux et qu'ils l'estimassent tel. Il est bien évident que les droits sont nuls, si à côté d'un droit il n'y a pas une jouissance ; et le mendiant qui grelotte de faim et de froid sous les fenêtres, troquerait volontiers toutes les libertés du monde, si elles étaient dans sa main, contre un morceau de pain et une place au coin de votre feu. Non seulement les droits politiques seraient illusoires ; mais ils seraient peut-être dangereux livrés aux prolétaires, si l'état n'accomplissait pas un autre devoir correspondant, s'il ne dégrevait pas d'autant les charges imposées aux instrumens du travail.

Messieurs, parmi les doctrinaires plusieurs ont une intelligence étendue, un immense savoir, une sagacité fine et impartiale ; mais ils ne sortent pas de leurs connaissances philosophiques, politiques, littéraires. Peu propres à l'action, ils ne prêtent pas la main à la mise en œuvre de la science économique qu'ils ne connaissent pas. D'ailleurs, en supposant qu'ils aient aperçu cette branche importante de toute sage administration, leur système aristocratique préférerait le système financier aristocratique qui impose le travail et ménage l'oisiveté. — Ainsi partie erreur, partie mauvais vouloir, ils ne s'inquiètent pas des misères de ceux qui travaillent et qui ne mangent pas. Mais ceux qui travaillent veulent manger ; et depuis deux ans la faim s'est souvent insurgée dans nos villes et dans nos campagnes. Faut-il accuser la faim ou ceux qui la réduisent à ces horribles extrémités ? L'industrie est en souffrance, l'industrie joue un rôle immense dans la nation, la nation peut-elle s'arranger d'un pouvoir qui n'entend rien à l'industrie, qui, par son ignorance et son système, redouble ses douleurs, et qui après avoir, par ses fautes, jeté l'anarchie chez elle, répond avec des fusils à ses légitimes doléances ?

Anarchie dans le pouvoir, anarchie dans la société : voila les fruits de l'arbre amer sous lequel nous reposons et qui nous donne le vertige.

J'ai encore à parler d'autres hommes qui dirigent aussi les affaires, et dont les doctrinaires partagent certaines qualités.

Le pouvoir est à l'opposition de la restauration. Comme l'opposition de la restauration a été purement négative, qu'elle n'a fait qu'attaquer, que critiquer, sans dire jamais par quoi il fallait remplacer ce qu'elle critiquait et attaquait, comme elle n'a jamais émis d'idées gouvernementales, affiché de système politique, je demande si l'opposition anarchique de la restauration ne doit pas nécessairement être un pouvoir anarchique aujourd'hui.

Le pouvoir actuel n'aurait qu'un moyen d'échapper à l'anarchie, ce serait l'inconséquence et l'immoralité; ce serait d'exécuter ce qu'il a si long-temps attaqué et critiqué, encore faudrait-il supposer généralement que la restauration ne touchait pas à l'anarchie, toutes les fois qu'elle n'essayait pas du despotisme.

Le pouvoir n'est pas né sous la restauration ; il est plus vieux, le roué ; Voltaire est le patron du pouvoir actuel.

Voltaire, c'est le renversement de la société féodale, et graces lui en soient rendues : mais Voltaire c'est aussi le système d'argent substitué aux nobles élans de la pensée religieuse et chevaleresque; le système d'argent, c'est-à-dire, l'absence de tout système ; c'est-à-dire, l'anarchie.

Voltaire, à le considérer du point de vue de l'opposition, c'est une démolition timide et hypocrite qui n'aventure jamais son avenir.

Voltaire, c'est quelque chose de monstrueux ; c'est le matérialisme, et sur cette ame desséchée, comme sur celle de ses misérables écoliers, jamais Dieu et l'éternité ne semaient ces germes qui poussent des moissons pour les peuples,

Voici son système politique ; il parle des républiques :
« Je n'aime pas le gouverment de la canaille. »

Voici son économie : « Il me paraît essentiel qu'il y ait des gueux ignorans. »

Quant à son opposition à la royauté, voici un échantillon de sa hardiesse : « L'auteur du *Chistianisme dévoilé*, me paraît trop ennemi des puissances. »

Je n'ai cité ces trois phrases qui résument tout Voltaire que parce qu'elles résument aussi toute l'oposition de la restauration dans ses deux périodes. L'opposition de la restauration trouvait Manuel *trop ennemi des puissances* : aujourd'hui elle n'ouvre pas les colléges électoraux aux prolétaires, parce qu'elle *n'aime pas le gouvernement de la canaille* ; elle ne dégrève pas le travail et n'instruit pas le peuple, parce qu'il lui *paraît essentiel qu'il y ait des gueux ignorans.*

Messieurs, à côté de Voltaire, Rousseau détruisait avec plus de courage, plus de franchise. Mais Rousseau ne détruisait pas seulement : Rousseau fondait. C'est pourquoi le fait religieux et le fait moral jouent un grand rôle dans ses ouvrages : c'est pourquoi il y a chez lui ce sentiment et cette inspiration qui manquent à un œuvre de pure destruction.

La jeunesse républicaine, qui ne manque ni de franchise ni de courage pour détruire, fonde aussi. Messieurs, c'est une misérable mission que de renverser aveuglément : il siérait mieux aux habitudes de notre caractère et de notre esprit de soutenir un pouvoir moral que d'attaquer et de démolir pierre à pierre un pouvoir *mauvais*. Mais comme le pouvoir actuel est mauvais, et qu'un pouvoir nouveau n'est pas encore possible aujourd'hui, nous attaquons quelquefois et plus souvent nous répandons des idées politiques et surtout économiques. Quand ces idées seront suffisamment propagées, une révolution sera juste et légitime, et elle s'opèrera d'elle-même.

Les énormes bévues dans lesquelles sont tombées des personnes graves et éclairées en jugeant les républicains, viennent de ce qu'elles ne se sont arrêtées que devant unesprit de criticisme qui existe bien chez eux, mais qu'elles ont exagéré; et de ce qu'elles n'ont tenu compte d'aucun des travaux de réorganisation.

Elles seraient bien étonnées si elles entraient dans la vie intérieure de ces républicains si décriés; atticisme de langage et de manières, affection simple et vraie pour tous, qui enchante par le regard et par le geste; amour profond des arts, sans lesquels il n'y a pas de société avancée; amour de Dieu, sans lequel il n'y a pas de société: il n'y a ici, en vérité, rien d'effrayant. Du reste, pas un bonnet rouge; pas une allusion cynique; pas une épigramme sur le mariage; des hommes graves et doux plaisantant quelquefois avec une gaîté pieuse, ou s'abîmant dans une tristesse qui n'a rien de revêche. Que si vous me citez un républicain qui demande l'incendie de toutes les bibliothèques; si vous m'en montrez un autre qui dresse les guillotines; un troisième qui improvise une société avec du dévoûment, sans se donner la peine de voir et d'apprendre; un quatrième qui pense que la république n'est qu'un énorme développement de la liberté individuelle, sans qu'elle ait à subir aucune charge sociale : c'est une recrue que chaque opinion doit à Charenton.

Nous n'avons pas oublié les glorieux et infortunés spiritualistes du 9 thermidor. C'étaient des hommes de bonne naissance, d'une éducation soignée, d'une position honorable dans le monde. Leur parole et leur vêtement, parés tous deux d'une noble simplicité, ne descendaient pas dans les niaiseries dégoûtantes, mais excusables, du sans-culottisme. Forcés d'adopter un grossier tutoîment, sotte injure adressée aux délicatesses modernes, ils conservaient du moins une urbanité grave, une politesse du cœur qui a le droit d'être comprise de toutes les éducations, parce qu'elle a à la fois quelque chose d'exquis et de sentimental. Nous serions fiers de les continuer en tout, ces intelligences généreuses : elles avaient fondé la science économique, reconnu le lien religieux et moral, projeté l'abolition de la peine de mort. Gloire à elles! gloire à ceux qui réaliseront ce magnifique avenir!

Je finis, messieurs. J'espère que ma parole n'a pas engendré ici la haine; j'espère que ce qu'il y a dans mon cœur d'affectueux pour vous tous a trouvé une réponse dans le vôtre. Je vous aime, messieurs, parce que vous êtes hommes. Si vous me condamniez d'erreur et de bonne foi; je vous plaindrais, parce que l'erreur est un malheur. Si vous présumiez que le triomphe de mes doctrines pût un jour ébranler vos prospérités et vous précipiter de votre riche position; si vous accordiez mon arrêt à l'égoïsme et à une inspiration mal calculée de l'esprit de conservation, je vous plaindrais davantage, messieurs, et je vous aimerais encore, parce que le vice est un grand malheur, et que de tous les vices, le plus honteux, le plus fécond c'est l'égoïsme. Que j'emporte d'ici acquittement ou condamnation, j'ai le droit de me flatter, messieurs, que j'emporterai toujours votre estime! C'est ici le seul triomphe que j'envie, comme ailleurs c'est la seule ambition qui m'anime. Puissé-je, messieurs, à chaque halte de ma vie la rencontrer toujours bienveillante et fidèle, cette estime chérie! — Il est si doux de dormir sur une réputation d'honnête homme......... même en prison!

Lyon, imprimerie de Perret, rue Saint-Dominique, n° 13.